ERIK TORKELLS
e leitores da revista *Budget Travel*

O GUIA DO VIAJANTE INTELIGENTE

400 dicas valiosas de quem sabe viajar bem e barato

Tradução de Vera Limongi

Gente editora

Gerente Editorial
Alessandra J. Gelman Ruiz
Editora de Produção Editorial
Rosângela de Araujo Pinheiro Barbosa
Assistente Editorial
Cissa Tilelli Holzschuh
Controle de Produção
Elaine Cristina Ferreira de Lima
Tradução
Vera Limongi
Projeto Gráfico
Neide Siqueira
Editoração
Join Bureau
Revisão
Adriana Bairrada
Capa
Neide Siqueira
Foto de capa
Andrea Haase/Dreamstime.com
Impressão
Prol Gráfica

Título original: *The smart traveler's passport*

Publicado primeiramente em inglês por Quirk Books, Philadelphia, Pensylvania.
Este livro foi negociado pela Ute Körner Literary Agent, S.L., Barcelona – www.uklitag.com

Rua Pedro Soares de Almeida, 114
São Paulo, SP – CEP 05029-030
Telefone: (11) 3670-2500
Site: http://www.editoragente.com.br
E-mail: gente@editoragente.com.br

Dados Internacionais de Catalogação na Publicação (CIP)
(Câmara Brasileira do Livro, SP, Brasil)

Torkells, Erik
O guia do viajante inteligente: 400 dicas valiosas de quem sabe viajar bem e barato / Erik Torkells; tradução de Vera Limongi. – São Paulo: Editora Gente, 2011.

Título original: The smart traveler's passport.
ISBN 978-85-7312-746-1

1. Turismo – Planejamento 2. Viagens – Narrativas pessoais 3. Viagens – Planejamento I. Título.

11-04603 CDD-910.202

Índice para catálogo sistemático:
1. Viagens: Organização: Manuais 910.202

SUMÁRIO

Introdução

Viajar hoje em dia pode ser um verdadeiro tormento. Encontrar o hotel certo pela internet, arrumar uma mala pequena o suficiente para levá-la sem problemas, passar pela segurança dos aeroportos... Não seria uma maravilha se existisse uma solução simples para tornar a viagem mais fácil, mais barata e mais agradável?

Temos uma boa notícia: existem sim centenas de jeitinhos para que isso realmente aconteça. Há três anos, a revista *Budget Travel*, norte-americana, direcionada ao turismo dedicou uma de suas sessões, a "20 Tips" [20 Dicas], para que viajantes experientes pudessem compartilhar suas dicas. Essa iniciativa tornou-se rapidamente um grande sucesso entre leitores e editores.

As dicas contidas neste livro são as 400 melhores recebidas. Algumas delas você irá considerar brilhantes, outras farão você se lembrar de si próprio ou de algum acompanhante. Haverá as que poderão parecer absurdas, mas que, um dia, apesar de terem soado como verdadeiras bobagens, poderão emergir de seu subconsciente, salvando sua viagem; então, você irá agradecer por tê-las lido.

Não agradeça a nós. Em vez disso, agradeça a todos que mandaram suas sugestões. E não seja egoísta: se tiver alguma boa dica, envie-a para nós pelo e-mail tips@budgettravelon-line.com. Juntos poderemos encontrar uma maneira mais fácil e agradável de viajar.

ERIK TORKELLS
Editor da
Budget Travel e da *BudgetTravelOnline.com*

CAPÍTULO 1

PLANEJANDO SUA VIAGEM

MONTANDO UM ITINERÁRIO

POUPE PARA VIAJAR Quando chegamos em casa à noite, minha mulher e eu tiramos um dólar de nossas carteiras e colocamos a quantia em um local determinado. Depositamos o que foi arrecadado durante alguns meses em uma caderneta de poupança em nosso banco; desse modo, no final do ano, temos 730 dólares para nossa próxima viagem – sem contar os juros.

Wayne Block, Virginia

ORGANIZE AS INFORMAÇÕES Organizei pastas sobre vários países do mundo, algumas gerais (sudeste da Ásia, por exemplo), outras mais específicas (Havaí), para colocar artigos e recortes a respeito de lugares que gostaria de visitar no futuro. Não quero perder boas dicas de restaurantes e passeios fora do circuito habitual só porque não pretendo fazer uma viagem no momento. As pastas não precisam ser muito organizadas. Apenas guarde as informações para dar uma olhada nelas mais tarde. Você vai se sentir muito bem por estar munido dessas informações quando realmente tiver uma oportunidade de viajar.

Christine Size, Massachusetts

PENSE NOS PANFLETOS Quando minha esposa e eu planejamos alguma viagem, coletamos panfletos de boas agências de turismo. Eles dão boas indicações de restaurantes e hotéis, bem como de roteiros turísticos que podemos seguir conforme nossa vontade. Use esse truque para copiar os pacotes de férias das melhores agências e depois viajar por um valor bem reduzido.

Raymond White, Virginia

CONSELHEIRAS DE VOO Peça sugestões sobre restaurantes, hospedagem, compras e passeios às comissárias de bordo do seu voo. Elas costumam dispor de informações atualizadas recebidas de outros passageiros e geralmente não fazem objeção a passá-las adiante. Conte com as dicas das comissárias e economize para valer. Sei bem do que estou falando. Sou casado com uma há mais de vinte anos!

Fred Manget, Virginia

LEITURA ESPECIALIZADA Não confie apenas em revistas e guias turísticos. Consultar periódicos especializados em arte e culinária também pode incrementar uma viagem. Antes de partir para Veneza, descobrimos uma revista especializada em gastronomia que nos levou a cantinas, sorveterias e vinícolas frequentadas pelos moradores do local que provavelmente nos teriam passado despercebidos. Da mesma maneira, ao folhear uma publicação sobre arte, conhecemos artistas locais que participavam da Bienal de Veneza, um grande festival de arte internacional.

Sherel Purcell, Toronto, Canadá

LIQUIDAÇÃO DE CRUZEIROS Algumas linhas de cruzeiros marítimos oferecem descontos para uma futura viagem, caso você faça a reserva enquanto ainda estiver a bordo. Ao voltar para casa, você pode transferi-la para seu agente de viagens e tentar negociar um desconto ainda maior. Poderá, ainda, cancelar a reserva sem custo algum se seguir o programa de cancelamento da companhia marítima. Este é um bom modo para conseguir que algumas de suas despesas a bordo sejam pagas com antecedência.

Jeff Pugel, Nova York

DE OLHO NO TEMPO Acesse o site climatempo.com.br e verifique a temperatura média e a época de chuvas de milhares de cidades ao redor do mundo. Isso poderá evitar que você visite um país durante a estação das águas; a informação também lhe será útil para saber que tipo de roupa levar.

Elizabeth Bass, Illinois

RECEPCIONISTA, SOCORRO! Você pode pedir ajuda à recepcionista de um hotel sofisticado, mesmo que esteja hospedado em uma pensão barata do outro lado da rua. Há uma grande probabilidade de ela não perguntar se você está hospedado no hotel. Isso funcionou para nós quando estávamos presos por causa de uma tempestade. Tentamos remarcar nossos voos sozinhos, mas os telefones da companhia aérea ficaram ocupados por dois dias seguidos. A recepcionista de um hotel de luxo, a poucos quarteirões de onde estávamos, conseguiu na primeira tentativa e remarcou tudo para nós.

Janet Willer, Illinois

GUARDE SEUS DÓLARES! Antes de viajar para qualquer lugar dos Estados Unidos, faça uma pesquisa na internet por cupons de desconto. Digite o nome da cidade para onde pretende ir e a palavra "cupom" (por exemplo, New York coupon). Você vai encontrar muitos sites que oferecem promoções do tipo "leve dois e pague um" e descontos em geral. Em uma viagem recente a St. Louis, economizamos cem dólares em restaurantes e atrações.

Carolyn J. Kubacki, Illinois

ISSO, SIM, É DIVERTIMENTO Se você deixar para comprar um livro de descontos* aproximadamente seis meses antes de seu vencimento (o que geralmente ocorre no mês de novembro) poderá adquiri-lo por 15 dólares, em vez dos 35 a 47 dólares comumente cobrados. O serviço de acesso *on-line* aos cupons custa, em geral, 7 dólares ao mês. Eles são ótimos para a sua viagem.

Kitty Bennet, Flórida

* Muito comuns nos E.U.A., os *entertainment books*, como são chamados, são publicações recheadas de cupons de descontos destacáveis para os mais variados segmentos do entretenimento e serviços ao consumidor. Esses livros são geralmente lançados em janeiro, com edições direcionadas a cada estado norte-americano e o vencimento dos cupons termina, em geral, em novembro do mesmo ano. (N.E.)

DESCONTOS DESPREZADOS Economize seu precioso dinheirinho comprando no eBay cupons e vales-presente que outras pessoas não querem ou não podem usar para hospedagem, transporte, alimentação ou entrada em várias atrações nos Estados Unidos. Encontrei ótimos descontos em passagens aéreas, passagens de trem, aluguel de carros, entradas em parques interessantes e divertidos como Sea World, Disney ou estúdios da Universal, bem como hospedagem em vários hotéis. Por exemplo, comprei um cupom de descontos de 30 dólares por apenas 1 dólar. É fácil. Defina a categoria da busca no site do eBay e então digite "*coupon*" ou "*gift certificate*".

Nathaniel V. Greenwood, Pensilvânia

TROCA ESTRANGEIRA Estava reservando passagens na internet para uma viagem à Europa partindo da Costa Leste dos Estados Unidos. quando uma tarifa particularmente atraente foi oferecida por uma companhia aérea norte-americana, bem como por sua "parceira" de outro país. O mesmo avião, o mesmo voo, a mesma base de preço. Mas a companhia aérea estrangeira cobraria 100 dólares a menos por passagem se fizéssemos a reserva com ela. Economizamos mais de 400 dólares nas quatro passagens e ficamos todos no mesmo avião!

Lori Uhl, Pensilvânia

CONTROLE MARÍTIMO Caso seu destino de viagem seja um porto em que navios de turismo costumam atracar, planeje sua excursão para os dias em que esses navios não estejam nas docas. Os passeios estarão menos lotados e você poderá ver e fazer muito mais coisas.

Krista Fowles, Connecticut

NÃO PRECISA SER TÃO JOVEM Inicialmente criados para abrigar jovens, os albergues foram cedendo espaço às pessoas mais velhas e hoje recebem um público entre 20 e 35 anos. Em geral, não há limite de idade, mas muitos não aceitam crianças pequenas. De qualquer maneira, é uma opção barata de hospedagem. Visite o site alberguesdajuventude.com e veja milhares de opções ao redor do mundo.

Glen Kirkpatrick, Oregon

AGARRE AS REVISTAS! Quando visitamos um lugar para onde pretendemos voltar um dia, levamos conosco uma porção de revistas de turismo de distribuição gratuita. Aí, em casa, anotamos o endereço de cada revista em um cartão-postal. Seis ou oito semanas antes de nossa próxima viagem ao local, enviamos os cartões-postais pedindo cópias recentes de cada publicação. Essas revistas estão sempre repletas de informações muito úteis.

F. Richard Leininger, Nova York

MAPAS À MÃO Quando fizemos nossa viagem de carro pelo interior da Inglaterra, acessei os sites multimap.com e maps.google.com e imprimi os mapas de cada lugar que pretendíamos visitar. Anotei, em cada um deles, o dia em que planejávamos usá-lo e todos os passeios e restaurantes que encontrei pelo caminho. Depois, guardei-os em uma pasta e acrescentei folhetos turísticos de tudo o que vimos. Eles se tornaram uma ótima lembrança quando voltamos para casa.

Karen Holt, Washington

CENTRAL DE CUPONS O site destinationcoupons.com fornece cupons gratuitos de descontos para uma porção de atrações e serviços em cidades nos Estados Unidos e ao redor do mundo. Imprima-os no computador de sua casa e use-os para economizar em hotéis, *shows*, aluguel de carros, restaurantes e muitas outras atividades.

Donald Bertolet, Pensilvânia

À PROCURA DE PREÇOS BAIXOS Até pouco tempo atrás, defendia a ideia de que as excelentes estradas de ferro europeias eram o que havia de melhor para o turista. Agora, com a enorme oferta de passagens aéreas a preços econômicos, recomendo uma combinação dos dois meios de transporte. Mas, antes, é preciso fazer um bom planejamento, o que acho tão divertido quanto a própria viagem. Os sites decolar.com, viajanet.com e whichbudget.com listam as empresas que fornecem passagens econômicas, cidade por cidade. Então, para encontrar ligações com todos os sites das ferrovias da Europa, acesse railfaneurope.net. Cada um dos sites ali informados costuma apresentar um plano de viagem e, quase sempre, uma opção em inglês ou espanhol.

Brian Hughes, Florida

DEVIDAMENTE ANOTADO Você adora fazer pesquisas na internet a respeito de seu destino, mas não sabe como organizar todo o material, como mapas, guias e dicas em geral? (1) Compre um caderno espiral grande (há alguns com capa dura e um bloquinho de notas), etiquetas e cola; (2) utilizando as etiquetas, divida o caderno em seções (locais de visita, mapas, conversão de moedas, restaurantes etc.); (3) tire cópias reduzidas de todas as informações que quiser levar e cole-as nas seções apropriadas; (4) deixe algumas páginas vazias para escrever seu diário. Você terá um guia personalizado completo em apenas um caderno, que você poderá ler várias vezes muitos anos após sua viagem!

Michelle Graves, Arizona

ESTACIONAMENTO PROIBIDO Caso esteja planejando uma viagem de carro à Itália, considere Veneza o primeiro ou o último destino de seu roteiro. Você não poderá usar seu carro alugado na cidade (em vez disso, irá andar a pé ou de barco) e as garagens ali costumam custar mais de 30 dólares por dia.

Karen Kunz, Nova Jersey

TUDO EM FICHÁRIOS Antes de partir para uma viagem costumo imprimir todas as reservas e instruções para se chegar ao local, crio uma página com informações e números de telefones para emergências e organizo tudo em um fichário, incluindo algumas páginas extras e plásticos no meio. Os bolsos internos das capas e os plásticos podem guardar folhetos, cartões, canhotos de passagens, receitas e mapas que coletamos durante o percurso e queremos levar para casa como recordação.

Sonal Gupte, Maryland

DOCE ESPERA Longas esperas são muito menos cansativas e angustiantes se você puder evitar os aeroportos. Quando voltávamos da Índia, tivemos de enfrentar uma espera de sete horas em Mumbai. Tomamos um transporte de dez minutos até o Leela Kempinski Mumbai Hotel (theleeda.com), deixamos nossa bagagem na recepção e pagamos 11 dólares para ter direito ao uso da academia do hotel, que incluía sauna, banho turco, piscina e armário. Fiz também uma massagem nas costas de 30 minutos por 15 dólares. Tomamos uma taça de vinho no bar do hotel e então usamos o mesmo transporte até o aeroporto. Foi muito bom poder relaxar antes de enfrentar um longo voo de volta para casa.

Kathleen Sutter, Virginia

ECONOMIZANDO NO HORÁRIO DE VERÃO

Ao atrasar ou adiantar seus relógios, não se esqueça de verificar a data de validade de suas milhagens. Desse modo elas serão checadas duas vezes por ano. Meu marido e eu nos esquecemos de verificar uma delas e acabamos perdendo uma passagem aérea grátis quando as milhas expiraram.

Lynda Self, Alabama

SIM, DESCONTO Se você estiver planejando uma viagem para a Nova Zelândia, ligue antes para uma agência de turismo e pergunte se estão oferecendo cupons em revistas ou nos jornais da região. Eles costumam dizer exatamente onde encontrá-los e você poderá conseguir descontos de até 50%. Em uma ocasião, não conseguimos encontrar os cupons, mas, quando mencionamos o anúncio, a companhia resolveu nos dar o desconto de qualquer modo!

Renee e Juan Gala, Indiana

PASSEIO LONDRINO Costuma ser mais barato comprar uma passagem aérea para Londres e, então, voar por linhas econômicas locais pela Europa. No último verão, meu marido e eu compramos passagens para Londres por 397 dólares. Dali, voamos de EasyJet para Nice por 72 dólares. O custo total foi de 469 dólares, muito menos do que se tivéssemos ido diretamente para Nice. Além disso, gostamos muito do nosso passeio por Londres. Saindo do Brasil, costuma ser mais barato voar até Lisboa e depois comprar passagens locais.

Jasmine Tata, Illinois

EXPERIÊNCIAS DE VIAGENS Quando estou planejando uma viagem, sempre ligo para a recepcionista do hotel antes da minha chegada. Caso o lugar onde eu vá ficar hospedado não conte com essa profissional, ligo para outro hotel que conte. Há pouco tempo, pedi conselhos sobre o que deveria ver na cidade, já que ficaria ali por apenas quatro dias. Eu disse o que pretendia fazer, mas ela respondeu que seria muita coisa para tão pouco tempo. Aconselhou-me, então, a respeito de lugares que deveria ir e outros que deveria evitar, e até recomendou uma floricultura, onde eu poderia comprar lindos arranjos de flores. Com a ajuda dela, minha viagem foi muito mais agradável.

Brian Berg, Florida

DEVER COMPARTILHADO Sempre que decidimos para onde vamos, minhas amigas e eu dividimos a lista de coisas que gostaríamos de fazer em nossa viagem e cada uma de nós fica encarregada de um item da lista, como pesquisar preços, comprar passagens, reservar hotéis, procurar restaurantes etc. Aí, quem ficou responsável por cada tarefa cumpre à risca o que foi determinado. Nosso método garante que o trabalho não fique apenas nas costas de uma de nós.

Carol J. Leisch, Illinois

UNIDADE E ECONOMIA Certa vez, quando pesquisava passagens econômicas percebi que, em alguns casos, as melhores ofertas aparecem quando a pessoa compra somente uma passagem, em vez de duas. Recentemente, quis comprar passagens de Nova York para Orlando para dois e verifiquei que o preço era de 87 dólares por pessoa. Mas quando me informei a respeito do preço para uma só pessoa, a quantia caiu para 72 dólares.

Yoshi Matsuda, Oregon

MADRUGADORES Tente reservar um lugar no primeiro voo da manhã, porque os aviões utilizados nessas viagens costumam chegar ao aeroporto na noite anterior. Desse modo, você não vai ficar na dependência de um avião que "ainda vai chegar" e que "poderá se atrasar ou ser cancelado" por causa do mau tempo em algum outro lugar, atrasando ou cancelando o seu próprio voo.

George Glover, Maine

MAXIMIZANDO SUAS MILHAS Usando suas milhas, você poderá visitar duas cidades com apenas uma passagem. Por exemplo, minha mulher e eu sempre trocamos nossas milhas quando visitamos nossa filha em São Francisco. Como temos de voar até Dallas para chegar a São Francisco pela Delta, podemos ficar na cidade pelo tempo que quisermos antes de seguir para São Francisco – e usando apenas uma passagem cada um.

Harry Bishop, Carolina do Sul

PREÇOS EMPACOTADOS Embora sejam uma boa opção, não acredite que os pacotes de viagem são sempre a maior maravilha do mundo. Minha mulher e eu estávamos prontos para comprar um pacote que incluía hotel e passagens para Maui, quando descobrimos uma oferta da Aloha Airlines (280 dólares saindo de Oakland). Comprei o resto da viagem separadamente e economizei mais de 400 dólares no final. Usamos esse dinheiro para ficar em um hotel melhor e até alugamos um carro conversível!

Kleem Chaudharry, Califórnia

LANCES DE GUERRA Prepare-se para negociar quando estiver comprando sua viagem em agências ou operadoras de turismo. Vá armado com suas pesquisas prévias e seu cartão de crédito. (É provável que você obtenha um preço melhor se souber quanto a viagem vale e se deseja comprá-la imediatamente.) Escolhi dois cruzeiros pelo Caribe e fui para o evento *New York Times Travel Show*.* Depois de pechinchar com duas linhas marítimas concorrentes, a primeira me ofereceu um desconto de 50 dólares tomando por base o preço mais baixo que eu tinha encontrado na internet, além de um seguro de viagem gratuito. No final, acabei fechando com a segunda companhia: 30 dólares de desconto, com direito ao uso de um camarote privativo com terraço. Realmente, aquele foi um ótimo negócio.

Michael Marcarello, Nova York

LEIA E RELEIA Fique atento aos avisos que costumam vir com o regulamento de seus cartões de fidelidade. Eles em geral contêm ofertas especiais e promoções que podem dobrar ou até triplicar suas milhas, caso se hospede em determinado hotel ou faça suas refeições em certos restaurantes.

Kim Borisenko, Massachusetts

* Evento internacional da indústria do turismo que, em 2011, teve sua oitava edição em Manhattan. Aberto ao público final, tem como foco estratégico incentivar os consumidores a viajar nas férias do verão norte-americano, que tem início em junho, para os locais expostos. (N.E.)

"COOKIE" MALVADO Usei um site de viagens muito conhecido para verificar preços de passagens para Las Vegas. O voo que eu queria estava disponível, mas decidi esperar um pouco mais para ver se os preços caíam. Só que ele acabou saindo da lista depois de uma semana, e os melhores preços de outros voos começaram a ficar cada vez mais altos. Cinco semanas depois, fui verificar os preços em um outro computador. Sabe o que aconteceu? Aquele primeiro voo que eu queria estava disponível, 50 dólares mais barato que o segundo colocado. Naquela mesma noite, fiz a mesma pesquisa no meu próprio computador. O voo que eu queria não estava disponível. Então, excluí os "cookies"* do site do meu navegador e tentei novamente. Pois é. Lá estava o voo que eu queria pelo preço que eu queria. Moral da história: apague seus "cookies". Isso pode significar uma grande economia!

Kelly Malasics, Connecticut

* Grupo de dados trocados entre o navegador e o servidor de páginas, colocado em um arquivo de texto criado no computador do usuário. A sua função principal é a de manter a persistência de sessões http. Os cookies são arquivados em locais diferentes em cada navegador de internet, por isso, para apagá-los, o usuário deve consultar o campo "ajuda" do seu navegador e seguir os passos indicados. (N.E.)

CONSELHEIROS DE VIAGEM Para encontrar a viagem de seus sonhos por um preço compatível com seu orçamento, entre no site travelocity.com e selecione a tarifa máxima que você pode pagar e o tipo de destino que tem em mente (cidade, parque nacional etc.). O website então lhe apresentará uma grande variedade de viagens que poderão ser feitas de acordo com essa descrição.

Matt Vance, Texas

DIVIDINDO A CONTA Se você não tem milhas suficientes para ir à Europa, use-as para chegar a um grande aeroporto dos Estados Unidos e pague seus voos a partir dali. Para uma viagem à Irlanda, meu marido e eu usamos nossas milhas da DeltaSky para ir de Cincinnati ao aeroporto John Kennedy, em Nova York, e então embarcamos em um voo da Aer Lingus para a Irlanda. A passagem comprada pela internet nessa companhia aérea estava por 267 dólares por pessoa. Um voo pela Delta de Cincinnati para a Irlanda estava saindo por 1.150 dólares o casal. Economizamos mais de 600 dólares no final da história.

Kristin Farrell, Surrey, Reino Unido

PROVAS IMPRESSAS Se comprar um pacote de viagem pela internet, imprima em uma folha de papel todos os detalhes do que estiver incluído e leve-a com você. Quando o funcionário de um hotel em Paris me disse que o bufê de café da manhã do qual nos servimos por uma semana inteira não estava incluído em nosso pacote, mostrei-lhe o documento impresso e provei que estávamos certos. Ele se desculpou várias vezes e excluiu a cobrança indevida de nossa conta.

John Lavelle, Ohio.

O PREÇO ESTÁ CORRETO? Antes de usar suas milhas, verifique quanto a passagem realmente custa. Por exemplo, são necessárias pelo menos 25 mil milhas para uma pessoa viajar de Boston ao Alasca. O mesmo voo custa 288 dólares. Depois de pagar por nossas passagens, recebemos milhas adicionais suficientes para irmos de graça para a Suécia, em vez do Alasca!

Bobby Pellant, Massachusetts

PARÂMETROS PARA PREÇOS SUGERIDOS Comparar preços na internet sempre me pareceu algo pouco confiável, de modo que nunca usei a web para isso, até descobrir o biddingfortravel.com. Esse site muito útil fornece aos que desejam fazer lances uma ideia dos preços que estão sendo aceitos (e recusados) no priceline.com para datas particulares ou serviços (passagens aéreas ou aluguel de veículos). Consegui ficar hospedada no Hyatt Regency Miami por 35 dólares por noite por causa disso!

C. Sue Mecham, Idaho

PACOTES DESEMPACOTADOS Ao procurar passagens aéreas mais baratas, não se esqueça de consultar sites como Submarino Viagens, CVC, Apple Vacations, TNT Vacations, Vacation Express ou SunTrips, que costumam vender passagens aéreas juntamente com pacotes de hotel. Fazendo isso, consegui economizar mais de 50% em uma viagem que fiz para visitar minha mãe.

Pam McMenamim, Colorado

CONSIGA UM DESCONTO Antes de reservar sua próxima viagem para esquiar, ou mesmo uma mesa em um restaurante, verifique o que a operadora do seu cartão de crédito tem a oferecer. A American Express às vezes oferece descontos em passagens; a MasterCard costuma oferecer vantagens "compre um e leve outro" em alguns restaurantes. Acesse americanexpress.com/offerzone, mastercard.com (clique em promoções).

Connie A. Yu, Nova York

VIAJANTE NÃO TÃO FREQUENTE? Guarde até mesmo as poucas milhas que obteve fazendo uma viagem ocasional. Elas podem valer dinheiro. Mesmo que não use regularmente as grandes companhias, entre em seus programas de fidelidade quando fizer uma viagem mais longa ou para o exterior. O site points.com permite a você trocar suas milhas por assinaturas de revistas, *downloads* de músicas e outros produtos. Você também pode usar suas milhas para obter pequenos descontos em compras em redes varejistas como a Amazon.com.

Jonelle Niffenegger, Illinois

CINGAPURA TOTAL Na última vez em que tive de fazer uma conexão em Cingapura, fiz um dos passeios gratuitos oferecidos pelo aeroporto, um cruzeiro pelo porto. Os passeios estão disponíveis para passageiros que têm uma espera de cinco horas ou mais. Procure pelos balcões Free Singapore Tour [Passeio Gratuito por Cingapura] no segundo nível dos terminais 1 e 2.

Marcia Mac Dougall, Califórnia

ESCOLHA PARA ALUGAR CERTO Ao procurar um carro para alugar, você terá dois tipos de planos: diária com quilometragem mínima ou livre. A dica é: se você for rodar pouco com o carro, prefira a quilometragem mínima, mais barata. Se você não tiver ideia do quanto irá rodar, opte pela quilometragem livre que será mais vantajosa.

Ralph Ellsworth, Califórnia

ECONOMIA NO MESMO DIA Diversas agências de informações ao turista oferecem descontos em reservas para o mesmo dia de hospedagem na cidade. Meu marido e eu descobrimos isso quando, sem querer, deixamos uma lacuna de um dia no meio da semana entre uma conferência do meu marido e nossa viagem para Charleston. Em vez de adicionar outra noite em um dos dois lugares, ficamos em um dos hotéis mais bonitos (cuja diária é de mais de 200 dólares) por apenas 70 dólares, cortesia do Escritório de Visitas e Convenções de Charleston.

Audrey E. Vance, Florida

ELIMINE O ATRAVESSADOR Algumas linhas marítimas oferecem pacotes de passeios nas cidades por onde vão parando. Se você examinar esses pacotes na internet antes de embarcar, poderá fazer a reserva diretamente com a companhia e economizará seu dinheiro.

Cindy Rucker, Georgia

CANCELAMENTO CONFIRMADO Se você reservar um hotel pela internet e também cancelá-lo pela internet, imprima e guarde a confirmação do cancelamento por, pelo menos, o tempo da chegada de duas faturas do seu cartão de crédito após a viagem. Depois de nossas férias, encontrei uma multa por "não comparecimento" no meu cartão por um quarto que havia cancelado com muita antecedência. Sem minha confirmação impressa, eu não teria como contestar a conta.

Karen Griffith-Hedberg, Oregon

REPITA A PERGUNTA Duvide da primeira resposta que obtiver quando fizer uma pergunta sobre sua viagem. Se precisar de alguma informação sobre seu voo, uma boa ideia é telefonar para a companhia aérea mais de uma vez e repetir a mesma pergunta. Recentemente, eu quis saber se poderia viajar *stand-by* em um voo mais cedo naquele mesmo dia. Quando liguei pela primeira vez, fui informada de que o voo em questão estava lotado. A segunda vez, entretanto, foi diferente; o agente de turismo me disse que havia lugares disponíveis e eu poderia, sim, fazer o voo. No final, não somente pude embarcar, como voei de primeira classe.

Lynn Babcock, Michigan

DIVIDA E CONQUISTE Já notamos que, quando reservamos passagens em um voo para nossa família sob um único nome, algumas linhas aéreas creditam somente 1.500 milhas em bônus (quinhentas pela reserva pela internet, mais quinhentas pelas passagens de ida e volta), e apenas para a pessoa cujo nome a reserva foi feita. Isso acontece mesmo que outros membros da família também tenham cadastro de milhagem. Para evitar esse transtorno, faça reservas separadas para cada membro da família e, então, escolha lugares juntos.

Martin Vasquez, Nova York

CONTINUE COMPRANDO Verifique os preços das passagens aéreas periodicamente, mesmo depois de ter reservado as suas. Pode ser que a companhia esteja fazendo uma promoção, e comprar passagens novas pode significar economia, mesmo que você tenha de pagar multa por cancelamento. Minha mulher e eu economizamos 187 dólares cada um em uma viagem recente que fizemos de Seattle à cidade de Nova York, apenas por usar esse truque.

Doug Rittenhouse, Washington

LUTE POR SEUS DIREITOS Quando descobri que não conseguiria escolher pela internet os assentos que ganhei com minha milhagem, liguei para a companhia aérea. Um funcionário me informou que o site da companhia não permitia às companhias aéreas parceiras reservar tais assentos, mas que os agentes podiam. Em questão de minutos, tinha tantas opções que achei até difícil escolher uma.

Carol Muth, Carolina do Norte

NÃO PERCA O NAVIO! Aqui vai uma dica importante para quem pretende fazer um cruzeiro durante o inverno. Chegue ao porto um ou dois dias antes da partida do seu navio. Reservamos lugares em um cruzeiro para a Costa Rica, mas todos os voos que saíam do aeroporto John Kennedy tinham sido cancelados devido ao mau tempo. Alguns itinerários que incluem paradas em aeroportos possibilitam aos passageiros alcançar a excursão. O nosso não permitia.

Anne Schuweisguth, Pensilvânia

CAPÍTULO 2

ANTES DA VIAGEM

COMO FAZER AS MALAS COM CUIDADO E PREPARAR-SE PARA PARTIR

REPARTA SUAS COISAS Se viajar com outra pessoa, coloque metade de suas roupas e objetos de uso pessoal na mala de seu companheiro(a) e vice-versa. Desse modo, se uma das malas se extraviar, ambos terão o que vestir.

Christina Costigan, Rhode Island

TUBINHOS PROTETORES Para não danificar os fechos de correntes e de brincos delicados, costumo colocá-los em tubinhos plásticos. Outro benefício desse método é que provavelmente suas joias e bijuterias não serão roubadas se deixadas no hotel ou na bagagem, porque os ladrões não irão imaginar que há joias ali dentro.

Alison Taylor Fastov, Washington, D.C.

PILHAS TROCADAS Costumo inverter as pilhas de meus aparelhos eletrônicos portáteis antes de arrumar minhas malas ou sacolas, para que não liguem por acidente quando a bagagem for jogada de um lado para o outro. Tive essa ideia após ter chegado ao meu destino e percebido que as pilhas novinhas que eu havia colocado em minha câmera fotográfica estavam completamente descarregadas.

Chris Giaimo, Nova York

CONHEÇA SEUS LIMITES Não viaje com malas muito pesadas, senão aquele desconto magnífico que você conseguiu na passagem não vai parecer tão magnífico assim. Em um voo da Ryanair entre Glasgow e Dublin, meu marido e eu tivemos de pagar mais de 100 dólares por excesso de bagagem (as passagens custaram menos da metade dessa quantia). Não deixe de se informar sobre limites de peso, principalmente em passagens aéreas de baixo custo, antes de sair de casa.

Lynne Heath, New Hampshire

MEU MASCOTE A melhor sacola de mão que já encontrei é aquela usada pelos jardineiros. Ela contém uma porção de bolsos nas laterais e espaço interno para uma bolsa de tamanho médio. Ainda assim, é pequena o suficiente para ser colocada confortavelmente sob meus pés em um ônibus ou avião.

Sheila Monk, Missouri

DOIS TONS APENAS Escolha apenas duas cores de roupas para sua viagem. Desse modo, sua mala vai ficar bem mais vazia, também porque não vai precisar de uma porção de sapatos para combinar com tanta variedade de cores.

Lori Fields, Maryland

DUPLA FUNÇÃO Para economizar espaço em sua mala, sempre leve itens que você poderá usar pelo menos de duas maneiras. Em uma emergência, seu xampu poderá ser usado como detergente para lavar suas roupas (leve a embalagem em um saco Ziploc dentro da mala), sandálias poderão servir como chinelos, e saída de banho como um roupão.

Patricia LaRock, Minnesota

DOSE DE PREVENÇÃO Quando estiver arrumando as malas, coloque suas coisas sobre um lençol bem macio. Ele vai absorver odores, umidade e deixará tudo com um cheirinho de roupa recém-lavada. É extremamente benéfico em lugares de clima quente e úmido ou em viagens marítimas. Esse truque me foi muito útil durante meus vinte e três anos a serviço da marinha norte-americana.

Edward Jewell, Washington, D.C.

CORTE OS QUADRADINHOS Evite vazamentos de líquidos em suas malas. Corte saquinhos plásticos de supermercados em quadradinhos e coloque-os sob a tampa de seus frascos de líquidos (xampus, hidratantes etc.) para que não vazem. Jogue-os fora quando chegar ao seu destino, mas não se esqueça de levar alguns extras para a viagem de volta.

Roland Zuniga, Texas

UM LOCAL PARA A FITA ADESIVA Todo o mundo sabe que fitas adesivas são ótimas para qualquer emergência em viagens, mas ninguém quer levar consigo um rolo inteiro do produto. Se você enrolar uma certa quantidade de fita em um lápis ou em uma caneta esferográfica, terá o necessário sem ocupar muito espaço na bagagem.

Randy Hartselle, Califórnia

FACILITANDO AS COISAS Meu marido e eu somos aposentados e costumamos viajar para o exterior duas vezes por ano. Quando estamos desfazendo nossas malas, coloco os itens que levamos sempre nas viagens (lanternas, despertador, frascos em miniatura) em uma caixa e mantenho-a guardada junto às malas. Daí não precisamos ficar procurando nossas coisas ou tentando lembrar se pegamos tudo para a próxima viagem. Está tudo lá, em apenas um lugar.

Mary Meikle, Wisconsin

DUPLO USO Comecei a guardar aquelas sacolas plásticas que costumam embalar cortinas e lençóis que compramos para casa. Muitas delas têm zíperes e velcros e são excelentes para guardar várias coisas, desde objetos de toalete até sapatos ou roupas de banho molhadas. E aposto que o pessoal da segurança dos aeroportos deve adorar porque elas são transparentes.

Terry Schmieder, Nova York

O PLÁSTICO DO JORNAL Utilize aquelas sacolas de plástico que protegem o jornal que você recebe em sua casa todos os dias para embrulhar seus sapatos antes de colocá-los na mala.

Robert E. Jones, Alaska

IDEIA DE GÊNIO Em vez de colocar um kit completo de barba na bagagem, meu marido enche um frasco de boca larga com objetos como barbeadores, lentes de contato avulsas, óculos, escova de dente etc. Isso acabou nos sendo muito útil em uma viagem que fizemos à Costa Rica, quando também levávamos a garrafa de água em nossos passeios a vulcões e florestas.

Terry Clemson, Pensilvânia

VELA QUEBRA-GALHO Se o zíper de sua mala ou de alguma roupa estiver lhe causando problemas, esfregue um pouco de protetor labial ou de cera de vela nele. Costuma amolecer e fica muito mais fácil de abrir e fechar.

Marko Anderson, Califórnia

DE ÓCULOS Use aquelas sacolas para sapatos encontradas nos banheiros dos hotéis para guardar seus óculos. Elas cabem direitinho no bolso e, se tiver a sorte de serem feitas de flanela, terá um material bem macio para limpar as lentes. Para maior proteção, quando estou viajando, coloco meus óculos escuros dentro da sacola, dobro as extremidades e coloco-os dentro do estojo.

Dan Coviello, Nova York

ROUPA SUJA SE LAVA EM CASA Leve sacolas extra para sua roupa usada. No decorrer da viagem, coloque as roupas sujas nessas sacolas, mantendo sua mala para as roupas limpas. No final da viagem, coloque uma etiqueta nelas e mande-as para o aeroporto. Isso fará sobrar espaço para levar um mundo de compras para casa.

Susan Wiley, Florida

ESTOQUE PARA UMA NOITE Um estojo extra de lentes de contato pode oferecer espaço para guardar pequenas coisas para uma viagem pequena. Esprema um pouco de seu creme dental em um lado e talvez algo como um creme de limpeza ou hidratante do outro. A quantia certa de cada será o suficiente para uma noite fora ou para um fim de semana.

Jen Shoemaker, Montana

COTONETES SEGUROS Meu marido guarda cotonetes naquelas antigas caixinhas de fita cassete. Elas são pequenas, fecham bem e mantêm os cotonetes limpos e secos.

Nancy Bastian, Nova York

NADA DE TÉRMICO! Depois de anos de procura pela melhor sacola para levar meus objetos de uso pessoal e de muita frustração por nunca ter encontrado o que realmente queria, finalmente consegui achar algo perfeito que atende a todas as minhas necessidades. É uma espécie de lancheira que comprei no supermercado. Ela tem um bolso externo com um zíper e contém pequenas fendas e compartimentos perfeitos para objetos de uso frequente como escova de dentes e creme dental. Há também um pequeno bolso removível com um zíper e contém interior (feito originalmente para guardar cubos de gelo) para aqueles objetos menores e difíceis de achar como lixas de unhas e vidrinhos de remédio. O espaço interno é perfeito para objetos maiores como xampus e hidratantes. Outras características muito práticas são uma alça para segurar com a mão, outra para usá-la no ombro e um interior à prova de água e muito fácil de lavar. Como professora de uma escola de ensino fundamental, sei melhor do que ninguém que ela vai durar. A lancheira foi projetada para aguentar o uso diário pelas crianças!

Jennifer Minton, Califórnia

SABONETE? NÃO! Saboneteiras de plástico coloridas com tampa de encaixar evitam que objetos frágeis e pequenos sofram danos ou se percam em sua bagagem. Você pode rotulá-las com facilidade e usá-las muitas e muitas vezes.

Revon Wolf, Califórnia

IMPERMEABILIZE SUA MALA Em uma viagem a Molokai, voamos em um avião muito pequeno e nossa bagagem não podia ter ficado mais espremida. Quando fomos retirar nossa mala, vimos que um vidro de desinfetante, que outro passageiro tinha levado, se vazara e respingara por todos os lados. Desde então, forramos toda nossa bagagem com sacos de lixo para proteger nossas roupas. Esta também é uma boa ideia para o caso de sua mala ser deixada na chuva.

Aaron Lisle, Iowa

PROTEÇÃO PERFUMADA Coloque seus frascos de vidro, como perfumes e água de colônia, dentro de meias enroladas para mantê-los protegidos durante sua viagem.

Joia Starks, Nova Jersey

VOCÊ VIU ESSA MALA? Para fornecer reembolso em caso de extravio de bagagem, a maioria das companhias aéreas e de seguros pede uma lista detalhada de tudo o que havia dentro delas. Infelizmente, lembrar-se de tudo depois do extravio é realmente impossível. Para evitar dores de cabeça, tire fotos dos itens que irá levar com uma câmera digital ou telefone celular. Isso facilitará bastante o preparo da lista e, caso tenha algum problema judicial com qualquer uma das companhias, terá uma prova visual de seus pertences.

Erica Rounsefell, Arizona

LISTA VIRTUAL

Não é necessário fazer uma lista do que levar para cada uma de suas viagens. Em vez disso, prepare uma lista maior de tudo que poderá precisar em qualquer viagem, desde protetor solar até equipamento para esportes aquáticos, de chinelos a medicamentos. Salve-a em seu computador. Antes de começar a arrumar suas malas, risque tudo o que não vai precisar para aquela viagem específica.

Bonnie Herbst, Califórnia

REMÉDIOS SEQUINHOS Meu marido corta estojos velhos de lentes de contato ao meio e usa as metades para levar seus remédios durante nossas viagens. Ele prefere fazer isso a usar caixinhas normais para remédios, porque os estojos das lentes são à prova de água e podem ser facilmente levados nos bolsos.

Jean Holtmann, Oklahoma

FACILITANDO A VIDA Tento evitar que abram minha bagagem, mas as companhias aéreas estão ficando cada vez mais exigentes a respeito do tamanho e do peso das sacolas de mão. Então, ao fazer as malas, coloco todas as coisas importantes em uma sacola de plástico em um compartimento da frente. Se me mandarem abrir a mala quando chegar ao portão de embarque, apenas mostro a sacola de plástico e sigo meu caminho.

Alena Kerins, Connecticut

REPONHA E CONTINUE USANDO! Levo para casa as embalagens vazias de xampu que os hotéis costumam fornecer. Eu as encho novamente com minha marca favorita de xampu, condicionador e gel de banho, em vez de comprar as embalagens em miniatura vendidas nas farmácias. Costumo colocá-las junto a outros objetos pequenos (escova de dentes, creme dental, lixa de unhas, caixinha de remédios e um pente) em um saco tipo Ziploc de tamanho médio. O plástico transparente me ajuda a encontrar tudo com facilidade.

Donna Cover, Massachusetts

DUAS SÃO MELHOR Quando viajo a negócios, geralmente reservo alguns dias para fazer algum esporte, como caminhadas por um parque local. Aí, percebi que levando duas malas pequenas em vez de apenas uma grande, consigo me organizar melhor e carrego menos peso. Levo minhas roupas de trabalho em uma mala, junto a documentos e meu notebook, e as roupas e material esportivo em outra. Deixo a mala que não usarei naquele momento guardada no carro alugado e consigo carregar com facilidade a mala leve com tudo o que preciso para o hotel.

Ellen Worthing, Maryland

ZÍPER SUPERSTAR Não deixe aqueles chaveiros de propaganda que você ganha de brinde jogados em sua gaveta. Costumo colocar um ou dois no fecho do zíper de minha mala. Eles me ajudam na hora de abrir a bagagem e, além disso, facilitam o reconhecimento das malas na esteira do aeroporto.

Marie J. Kilker, Flórida

CHINELOS NOTAS DEZ Meu marido e eu costumamos guardar aquelas meias elásticas com antiderrapante que algumas companhias aéreas costumam fornecer aos passageiros. (Nós conseguimos obtê-las em um voo de classe econômica da Virgin Atlantic, mas são oferecidas em quase todas as companhias aéreas na classe executiva.) Elas são ótimas para guardar seus sapatos. É só colocar cada pé em uma meia e você vai evitar marcas de sola em suas roupas. Como vantagem extra, você terá chinelos para calçar quando estiver viajando. Essas meias podem ser lavadas à máquina e duram muitos anos.

Wendy Barr, Carolina do Sul

PLÁSTICO FANTÁSTICO Aqueles plásticos grandes que costumam vir da lavanderia evitam que suas roupas amassem nas malas. Coloque cada peça dentro de sua própria sacola (deixe os cabides em casa) e deixe-as estendidas sobre a cama, uma sobre a outra. Então, dobre-as com muito cuidado e guarde-as na mala. Assim que chegar ao hotel, pendure tudo o quanto antes. Você nunca mais vai ter roupas amassadas durante uma viagem.

Claudette Christman, Virginia

TUDO DIVIDIDO Quando viajo com minhas amigas, decidimos antecipadamente quem vai levar o quê. Se vamos ficar na mesma suíte ou em quartos contíguos, não vamos precisar de uma porção de secadores de cabelos ou de várias embalagens de xampus e condicionadores. Desse modo, teremos muito mais espaço nas malas para nossas compras!

Haley Christensen, Nevada

MOEDAS BEM GUARDADAS Use um tubo vazio de pastilhas de chocolate, tipo M&M, para guardar suas moedas. A tampa é bem segura e o tamanho é perfeito para colocar no porta-luvas do carro ou em uma sacola. Acho esse método muito útil quando estou viajando de carro (para pedágios na estrada) ou de avião (para dar gorjetas ou comprar jornais).

Judi McDowell, Havaí

FRISBEE NECESSÁRIO Gosto muito de levar um Frisbee em minhas viagens. No hotel, ele se torna um recipiente muito conveniente para deixar as chaves do carro, moedas, cartões e vários outros objetos pequenos que normalmente guardo nos bolsos. Desse jeito, sempre sei onde estão minhas coisas e elas não ficam caindo por aí. É também uma boa ideia porque você poderá jogar Frisbee em uma praia ou em um parque.

Margot Johnson, Califórnia

CAPRICHE NO VAPORIZADOR Durante minhas viagens, para que minhas roupas ficassem sempre impecáveis, eu costumava levar um ferro a vapor na mala. Hoje em dia, uso um truque muito mais simples: uma pequena garrafa com válvula spray. Após chegar ao hotel, penduro imediatamente as roupas e vaporizo-as com água. Algumas horas depois, o amassado desaparece e elas estão secas e prontas para usar!

Doutora Cornelia Cho, Georgia

NÃO SE ESQUEÇA DO SOM Durante uma visita à Cidade do México, eu estava sentada em uma praça junto a uma fonte, observando o passeio dos moradores locais, que usavam seus melhores trajes de domingo. Ali perto, um senhor de certa idade tocava violino e sua música combinava perfeitamente com o cenário. Tirei várias fotografias, mas não tive como captar a música. Agora, além da câmera, levo sempre comigo um pequeno gravador.

Kieran Sala, Califórnia

EXCELENTES VIBRAÇÕES Minha perda auditiva me impede de ouvir qualquer despertador. Então descobri um despertador que vibra em vez de tocar. Agora, não fico mais acordada olhando para o teto a noite inteira, morrendo de medo de perder a hora de um voo pela manhã. Coloco o despertador debaixo do travesseiro ou sobre alguma superfície dura perto da minha cama, onde sua vibração realmente chame minha atenção.

Kathy Hopkins, Nova Jersey

LEITURA NOTURNA Sempre levo na bagagem um pequeno abajur de leitura. Eles são pequenos, superleves e perfeitos para ler na cama, sem que eu atrapalhe o sono do meu marido. Existem diversos modelos, e eles são vendidos *on-line* e até mesmo em lojas de 1,99.

Linda Smejkal, Wisconsin

RECARREGUE-AS! As baterias de câmeras, notebooks, telefones celulares e outros equipamentos elétricos podem ser recarregadas no seu hotel, durante a noite. Mas se seu roteiro incluir muito tempo viajando de carro, talvez seja uma boa ideia comprar um carregador universal para automóveis para carregá-las enquanto dirige. Os carregadores (que você pode ligar no acendedor de cigarros) são pequenos, baratos e podem ser comprados em lojas de eletrônicos.

Kay Euhus, Oregon

PROTEÇÃO TOTAL Costumo levar um tubo cilíndrico plástico em minhas viagens porque vivo comprando desenhos, pinturas e mapas pelo caminho. Esse material sempre chega impecável em casa, sem amassar nem rasgar nada. Guardo a embalagem na mala até a próxima viagem.

Abbie-Stuart Fox, Carolina do Norte

SÁRI SENSACIONAL Leve, lavável e multifuncional, o sári de algodão é um coringa prático e útil que não deve faltar na bagagem de nenhum viajante. Já usei o meu como saída de banho na praia e na piscina, como toalha de piquenique no gramado de um lindo castelo no Vale do Loire, como saia (sobre *shorts*) em um templo em Bangkok e como travesseiro extra durante uma escalada pelo Grand Canyon. Também é muito prático para ser usado como cobertor em um avião, uma toalha em uma emergência ou mesmo uma toalha de mesa.

Nicole Serafica, Pensilvânia

ACONCHEGO TOTAL Sempre coloco na mala algumas pequenas velas perfumadas, um vidrinho de óleo essencial e uma caixa de fósforos. As velas, quando acesas em um copo com água para maior segurança, acabam com qualquer cheiro desagradável ou de mofo que possa haver no quarto do hotel. O óleo essencial faz maravilhas quando colocamos uma gota sobre qualquer lâmpada acesa.

Stephanie Hartselle, Illinois

LEVE TUDO Quando viajar para a praia leve seu próprio material esportivo. Nós compramos apetrechos de mergulho, máscaras e nadadeiras em uma liquidação no final do verão, antes de nossa viagem para o Havaí. Eles não ocupam muito espaço na mala e teríamos pagado a mesma coisa ou até mais para alugar o mesmo equipamento.

Keely McNerney, Virginia

RECIBOS BEM GUARDADOS Se você precisa guardar recibos durante sua viagem, compre um porta-cartões de plástico para organizá-los da melhor maneira possível (e protegê-los também). Rotule cada compartimento por categoria (hotéis, aluguel de carro, gasolina, alimentação etc.) ou por dia da semana. Esse tipo de objeto é compacto e cabe facilmente na pasta de um notebook, em uma bolsa ou em uma sacola de viagem.

Ursalene Davis, Texas

REFRESCÂNCIA NECESSÁRIA Durante os meses de verão, costumo levar na mala uma garrafa de *spray* pequena. Encho-a com água e não me canso de usá-la para me refrescar. Tive essa ideia quando estivemos hospedados no Noga Hilton, em Cannes. Na penteadeira do quarto, havia uma latinha de aerosol de água Evian. Levei-a para todos os passeios; como foi gostoso espirrar água no rosto!

Joy Shebroe, Califórnia

NÃO ÀS MANCHAS! Lenços umedecidos ocupam pouco espaço na mala ou na bolsa e são ótimos para tirar manchas. Um dia, durante uma viagem de avião, entreguei um deles a um agradecido senhor italiano que derrubara vinho na gravata. Nossa amizade se estendeu até a chegada à alfândega e, desde então, mantemos contato por e-mail. Grande lencinho!

Marilyn Rogers, Iowa

AMIGO NO MAU TEMPO Coloque alguns sacos plásticos de lixo nos compartimentos laterais de suas malas ou sacolas. Se estiver chovendo quando chegar a seu destino você poderá cobrir a bagagem inteira com os sacos, enquanto segue para o hotel.

Barbara Geese, Carolina do Norte

BOAS ENTREGAS Quando meu marido e eu viajamos com nossos filhos, a bagagem fica pesada com tantas fraldas, mamadeiras e outros itens necessários para crianças. A fim de economizar espaço e não criar confusão, despachamos agora a maioria das coisas diretamente para o hotel. Também consultamos um site especializado (babiestravellite.com), onde encomendamos esse tipo de material e podemos mandá-lo para qualquer parte do mundo.

Mina Camera, Califórnia

PRENDEDOR PERFEITO

Prenda alguns mosquetões, aquele objeto usado pelos alpinistas, na alça de sua mala. Bolsas, câmeras e sacolas de viagem ficarão bem seguras ali, dando um descanso às suas mãos e a seus ombros enquanto anda pelo aeroporto.

Kathryn Murphy, Flórida

TAPETES À MÃO Tapetes de papel descartáveis podem ser muito úteis em qualquer lugar em que haja um chuveiro ao ar livre. Pisando em um tapete desses após um banho na praia, consegui que meus pés se mantivessem secos e limpos e evitei que minhas roupas ficassem sujas.

Sandy S. Hogan, Nevada

O BEBÊ É VOCÊ Lencinhos umedecidos para bebês não foram feitos apenas para os pequenos. Coloque uma embalagem bem grande na mala e use-os para matar os germes em banheiros públicos ou em cabines telefônicas. Em uma emergência, também podem remover manchas de suas roupas com muito sucesso.

Farrah Farhang, Califórnia

ELÁSTICOS À MÃO Elásticos podem se transformar em acessórios de viagem muito úteis e versáteis. São ótimos no aeroporto para prender uma sacola a uma mala de rodinhas. Podem ser trançados juntos e usados para pendurar suas roupas, toalhas, etc. Quando for esquiar, amarre suas botas com eles e use-os como alças. No acampamento, servem para amarrar lanternas sobre árvores ou objetos em uma canoa. Servem até para segurar suas calças se por acaso esquecer o cinto em casa.

Keith Saul, Indiana

SITUAÇÃO DELICADA Em vez de levar cabides de arame para pendurar minha lingerie fina e minhas meias em viagens, levo sempre na mala aqueles minicabides que ganhamos nas lojas quando compramos sutiãs e cacinhas. Eles ocupam pouco espaço na bagagem e podem ser jogados fora no fim da viagem.

Monica Pileggi, Maryland

O QUE ESTÁ SACUDINDO? Encha uma embalagem de viagem de xampu com detergente e coloque-a na mala dentro de um saco Ziploc. É um ótimo quebra-galho para lavar sua lingerie e roupas finas. Coloque algumas gotas do detergente na sacola e encha parcialmente com água. Vá pondo as roupas ali dentro, então feche e sacuda-a durante alguns minutos. Você vai ter uma perfeita máquina de lavar portátil! Para lavar roupas maiores, uso aquelas sacolas de plástico que a maioria dos hotéis fornece. Não se esqueça de segurar a abertura com bastante firmeza.

Erika Kumada, Califórnia

PESOS E MEDIDAS NA QUANTIDADE CERTA Quando viajo para fora do país, levo sempre comigo uma tabela de conversão que inclui pesos e medidas, além de taxas de câmbio. Essas taxas também estão disponíveis no site oanda.com

Carol Vela, Texas

INFORMAÇÃO EM UM FLASH Costumo usar um pequeno *pen drive* para armazenar contatos de médicos e de seguros, senhas, números de cartões de crédito, endereços e números de telefone. Cabe perfeitamente em qualquer minicompartimento de uma bolsa ou sacola de viagem. Se eu não levar meu notebook, não há problema. Posso inserir o *pen drive* nos computadores de qualquer hotel ou *lan house* nas proximidades. Alguns *pen drives* protegem seus dados solicitando uma senha de acesso, ou então você pode baixar da internet algum programa grátis de criptografia.

Linda Steven, Minnesota

DIÁRIO DE BORDO EM UM INSTANTE Em suas viagens, leve sempre na bagagem uma cola em bastão. Melhor que trazer para casa um envelope cheio de canhotos de bilhetes, você poderá colá-los em seu diário de bordo durante a viagem. Terá mais chance de se lembrar de qual era a utilidade de cada um deles se rotulá-los imediatamente.

Jon Chun, Califórnia

PLANTAS NOTA DEZ Antes de partir para qualquer viagem, cubro a terra dos vasos de minhas plantas com sacolas de plástico após reá-las bem. (Corte alguns pedaços de plástico e mantenha as plantas fora do alcance da luz do sol.) Desse modo, o solo ficará úmido por até três semanas.

Jean Walsh, Wisconsin

COM UM JEITINHO Sabe aqueles amarrilhos que fecham embalagens de pão de forma? Leve sempre alguns na carteira. Entre outros excelentes usos, eles podem substituir temporariamente um parafuso solto de seus óculos. Retire o plástico que encapa o fino arame e você terá um fio perfeito para ser colocado no lugar do parafuso. Ao contrário da fita adesiva ou de um alfinete de segurança, esses pequenos objetos não ocupam espaço e são praticamente invisíveis para quebrar o galho com seus óculos.

Suzanne Prendergast, Illinois

FIO DENTAL FENOMENAL

Nunca saio de casa sem uma embalagem de fio dental. Já o utilizei para pendurar roupas no banheiro do hotel, e para substituir um parafuso perdido dos meus óculos escuros na Malásia. Já cortei um pedaço do tamanho da minha cintura e fui feliz da vida para os mercados noturnos de Bangkok. Foi fácil achar roupas exatamente do meu tamanho!

Kristi Hemmer, Tennessee

LENÇÓIS LIMPINHOS Leve sua própria roupa de cama em sua viagem. Ela pode ter mil e uma utilidades. É evidente que uma fronha de algodão macia e perfumada pode tornar suportáveis aqueles travesseiros ásperos dos aviões, mas o benefício não é somente esse. A fronha também pode servir para guardar uma porção de objetos pequenos quando estiver desembarcando. Um lençol bonito consegue disfarçar uma cama ou um sofá em mau estado e serve também como toalha de mesa ou de piquenique.

Dori Egan, Califórnia

SUAS COISAS BEM SEGURAS Suportes para *squeezes* são úteis para levar muito mais coisas do que simplesmente água. Alguns dispõem de tiras de velcro que podem ser enroladas e grudadas em qualquer lugar. Já fiz uso de suportes para *squeezes* em várias ocasiões para minha câmera, binóculos, embalagens de salgadinhos, guarda-chuva, miniventiladores a bateria, lanterna, óculos escuros, blusão impermeável e uma capa de chuva.

Patricia S. Beagle, Nova York

ÓCULOS RECICLADOS Sempre que meu marido e eu adquirimos um novo par de óculos, guardamos os velhos em nossa mala de viagens junto a um estojo de pequenas ferramentas. Se alguma coisa acontecer aos óculos novos, podemos tentar consertá-los. Se não conseguirmos, ainda teremos os velhos, que serão um excelente quebra-galho durante o resto da viagem.

Carol Alabaster, Arizona

NO GANCHO Banheiros no exterior raramente possuem cabides em suas portas ou paredes. Quer uma solução? Leve na mala um gancho em forma de S e use algum furo que encontrar na parede para pendurar sua bolsa, casaco ou qualquer outra coisa que não queira que toque no chão. Esses ganchos em forma de S podem ser encontrados em casas de material de construção, ao lado dos parafusos e dos pregos.

Arthur e Marcia Lloyd, Idaho

ACESSO AOS ACESSÓRIOS Em uma viagem em que tenha de levar muitos acessórios, compro vários sacos Ziploc e guardo dentro delas minhas joias, meias, lenços etc. Então, faço um furo nos sacos que passe pelo topo de um cabide e penduro-as no armário. Desse modo, minhas meias não desfiam e minhas joias não se perdem.

Gina Beyer, Nova York

CABOS ROTULADOS Qualquer pessoa que esteja viajando com vários aparelhos eletrônicos (notebooks, PDAs, telefones celulares, câmeras digitais, MP3 *players*), pode confundir-se facilmente com os acessórios e fios que os acompanham. A fim de manter baterias carregadas, cabos, cartões e manuais de instruções secos e seguros, coloque cada aparelho em um saco Ziploc individual. Rotule cada um deles para identificar o conteúdo, e não deixe também de rotular os cabos.

Alyse Liebowitz, Nova Jersey

ROUPAS PRONTINHAS Se seus filhos já têm idade para se vestirem sozinhos, pense nessa dica muito útil sobre roupas. Coloque cada traje em um saco Ziploc (incluindo meias e roupas de baixo), sendo cada sacola para um dia da viagem. Isso vai economizar seu tempo, evitar confusão e prevenir que certos itens sejam esquecidos.

Robert E. Jones, Alabama

A CHAVE DO SUCESSO Leve um furador e um barbante em sua próxima viagem de navio. Assim que tiver embarcado, faça um furo no seu cartão magnético, passe o barbante e coloque-o em volta do pescoço. É um procedimento muito útil, principalmente quando seu vestido ou calças compridas não têm bolso. Não deixe, porém, de tomar cuidado para não danificar a faixa magnética do cartão ao fazer o furo.

Sallie Clinard, Nevada

NÃO COSTURE Eu sempre levava uma caixinha de costuras em minhas viagens, caso tivesse de pregar um botão que tivesse caído. Agora, quando compro minhas roupas, aplico uma camada mínima de cola em todos os botões. Como estão cobertos pela cola, a costura não se rompe facilmente. Nada de botões soltos!

Calvin Girvin, Texas

MEUS LIVRINHOS PRETOS Antes de partir para mais uma de minhas inúmeras excursões, encaderno todas as informações turísticas que coletei sobre o lugar. Geralmente, peço para colocarem uma capa preta ou azul-marinho. Esse serviço costuma ser bastante barato e é feito em papelarias. Assim, posso me engajar melhor com os moradores do local durante a viagem. As pessoas pensam que estou com um livro comum nas mãos, não um guia, o que poderia me rotular como uma típica turista.

Michelle Johnson, Califórnia

NÃO CONGELE Desligue seu congelador antes de viajar. E não se esqueça de esvaziar as forminhas de gelo. Recentemente, durante uma de minhas viagens, faltou energia elétrica em meu bairro durante vários dias. Quando voltei, o gelo derretido tinha congelado novamente por todo o congelador. Levei um tempo enorme para limpar tudo.

Mary C. Clements, Carolina do Norte

LIVROS MÓVEIS Antes de fazer minha última longa viagem aérea, visitei o site librivox.org e selecionei vários livros, contos e poesias para baixar no meu iPad – de graça. O site oferece livros para adultos e crianças e a lista não para de aumentar. Todos os títulos são de domínio público, de modo que não há problema algum com direitos autorais. No Brasil, há centenas de textos disponíveis no site dominiopublico.gov.br. Mesmo que você não tenha um iPad, poderá fazer um download para seu computador e gravar tudo em um CD.

Diane Bowman, Califórnia

SEMPRE ALERTA Moro no litoral da Flórida, onde, às vezes, falta energia durante as tempestades. Antes de partir para uma viagem, coloco alguns cubos de gelo em uma sacola plástica e ponho-a de volta no congelador. Se o gelo derreteu e congelou de novo quando eu voltar para casa, saberei que ficamos sem energia e que a comida na geladeira pode não estar própria para consumo.

Brigitte Emick, Flórida

SENHOR DE SEUS DOMÍNIOS Faça uma lista de tarefas que devem ser feitas em sua casa antes de partir para uma viagem (verificar a correspondência, molhar as plantas, levar o lixo para fora etc.). Mantenha essa lista no seu computador, imprima-a, então risque cada coisa que já tenha sido feita. Você poderá partir sossegado, sabendo que não se esqueceu de suspender a entrega do jornal.

Glenda McMurray, Illinois

UMA PAUSA NA IMPRENSA ESCRITA E FALADA Você pode suspender algo mais do que apenas a entrega de seu jornal quando estiver viajando. Em muitas ocasiões, minha operadora de TV a cabo concordou em não cobrar os dias que estive ausente, sem qualquer multa, penalidade ou taxa de acréscimo. Então, em vez da mensalidade habitual, paguei outra com um bom desconto.

Ed Clancy, Califórnia

PODER TOTAL Leve réguas de extensão elétrica em seu próximo cruzeiro. Muitas cabines têm apenas uma tomada, mas é evidente que você vai precisar de muito mais para ligar seu notebook, iPad, iPod, telefone celular, barbeador elétrico, secador de cabelos ou qualquer outro objeto eletrônico que levar.

Jay Van Vechten, Flórida

NOITE DE SONO GARANTIDA Alguns acessórios simples podem ajudar e muito quando se trata de uma noite tranquila de sono. Como você nunca sabe se o hotel reservado realmente terá aquele quarto tranquilo, escuro e silencioso, garanta na sua bagagem um tapa-olho e um tapa ouvido (pode ser até o vendido em lojas de material de construção). Você terá conforto para dormir em qualquer lugar!

Susan Matheson, Califórnia

ADAPTE-SE A TUDO Cada país, e por vezes até locais em um mesmo país, utiliza um modelo específico de tomada. Para que você não fique impedido de usar seus aparelhos eletrônicos, tenha sempre um adaptador de tomadas. Em geral esses pequenos dispositivos contemplam vários tipos de plugues, e podem salvá-lo para tipos estranhos de conexão elétrica.

Lolly Pineda, Califórnia

CRIE ESPAÇO Uma dica ótima para ganhar espaço na mala de viagem é levar sacos que fecham a vácuo (tipo Real Bag). Você pode ir colocando sua roupa suja nesses sacos e, ao fechar a vácuo, todo o ar sai, compactando a roupa suja. Sua mala terá mais espaço livre para colocar compras, presentes ou roupas adquiridas na sua viagem.

Mike McDole, Illinois

VIAJE COM SAÚDE NO AVIÃO As temperaturas dentro do avião quase sempre são baixas, e a umidade nas cabines chega a 17%, equivalente ao deserto do Saara! Em viagens muito longas, isso pode causar ressecamento de pele e das mucosas, e por isso a dica é levar hidratante para o rosto e soro fisiológico para pingar nos olhos e no nariz. Aceite também a manta oferecida nas viagens longas, para ficar aquecido e confortável. Para evitar problemas de circulação e trombose, o ideal é utilizar meias elásticas.

Glen Kirkpatrick, Oregon

PROTEÇÃO ABSOLUTA

Cansada de pegar resfriados durante suas viagens? Não se esqueça de colocar uma embalagem de lenços umedecidos em sua sacola. Use-os para desinfetar as bandejas e os apoios de braços dos aviões, o telefone e o controle remoto da televisão em seu quarto de hotel.

Sherill Hacker, Michigan

Capítulo 3

DURANTE A VIAGEM

COMO TORNAR A SUA VIAGEM A MAIS CONFORTÁVEL POSSÍVEL

INFORMAÇÃO DE DENTRO Trabalho para uma companhia aérea de grande porte e posso garantir essa dica a respeito de como encontrar bagagens perdidas. Coloque uma cópia do seu itinerário (incluindo informações sobre o local onde pretende ficar) dentro da mala. Se a etiqueta com seu nome e endereço se extraviarem, nós ainda saberemos para onde enviar sua preciosa bagagem.

Michelle Koenig, Missouri

PÉS NAS NUVENS Assim que chego ao aeroporto, troco meus sapatos sociais por crocs ou sapatos abertos. Desse modo, economizo tempo ao passar pela checagem da segurança e me sinto confortável durante todo o voo. Ao aterrissar, volto a calçar meus sapatos.

John Eymann, Texas

PALAVRAS NO AR! Cerca de um mês antes de minha viagem, começo a recortar as palavras cruzadas publicadas todos os dias nos jornais e coloco-as em um caderno em branco. Isso me mantém ocupada durante todo o voo. As palavras cruzadas dos jornais costumam ser muito mais interessantes que as daqueles livrinhos que compramos nos aeroportos.

Kathie Meyer, Texas

OBJETOS VOADORES NÃO IDENTIFICADOS Como comissário de bordo, fico espantado com o número de objetos que as pessoas esquecem nos aviões. A maioria deles nunca volta para seu proprietário, porque é impossível saber o que pertence a quem. Para evitar perdas, retorne suas coisas à sua sacola depois de usá-las. Nunca as deixe no chão ou nos bolsos laterais dos assentos. Coloque uma etiqueta nos itens mais importantes como livros ou jogos, de modo que possamos entregá-los, caso sejam encontrados.

Doug Hummell, Texas

GUARDE PARA DEPOIS Mesmo que estiver sem fome no momento em que a comissária de bordo trouxer o lanche, guarde-o para depois. Embora amendoins e outros salgadinhos do gênero possam não ser muito apetitosos às sete da manhã, vão parecer um manjar dos deuses mais tarde, quando não tiver nada melhor para comer. Além disso, você evitará gastar seu dinheiro nas lanchonetes dos aeroportos, que costumam cobrar uma fortuna.

Fran Rifkin, Califórnia

LIMPEZA TOTAL Quando embarcar em um voo noturno, leve sempre em sua sacola de mão um frasco de enxaguatório bucal. Assim que o avião estiver prestes a aterrissar, você poderá "escovar os dentes", deixando sua boca com hálito fresco e perfumado. Assim, estará pronta para o dia!

Janice Pruitt Winfrey, Georgia

BENS CONGELADOS Se for preparar um lanche para comer mais tarde, congele uma garrafa de água mineral e coloque em uma sacola térmica, com iogurtes, queijo, sanduíche de presunto ou qualquer outra coisa do gênero. Seu lanche vai continuar frio e você ainda poderá tomar a água.

Jackie McGraw, Kentucky

SEJA O CENTRO O assento do meio não é necessariamente o pior. Em uma viagem recente ao exterior, liguei tarde demais para confirmar uma poltrona na janela ou no corredor. Depois de me explicar a configuração AB-CDEFG-HI do avião, a pessoa responsável insistiu para que eu aceitasse o assento do meio, o E, porque o D e o F tinham menos espaço para os pés. (Em algumas fileiras, existem caixas de metal sob os assentos à sua frente que servem para guardar fios de aparelhos eletrônicos.) Aceitei o conselho um pouco desconfiada, mas consegui ficar em um assento com muito espaço. Os passageiros aos meus lados não tiveram tanta sorte.

Audrey Ting, Nova Jersey

MEIAS SAGRADAS Algumas companhias aéreas internacionais costumam oferecer sacolas de cortesia aos passageiros, que incluem uma escova de dentes, uma máscara para os olhos e meias para usar durante o voo. Guarde essas meias. Elas podem ser muito úteis quando estiver visitando templos na Tailândia, no Vietnã e no Camboja, onde é obrigatório tirar os sapatos antes de entrar. Calcei as meias e meus pés se mantiveram limpos e aquecidos!

Nancy Easterbrook, Califórnia

SILÊNCIO, POR FAVOR Algumas companhias aéreas deveriam considerar a possibilidade de adotar fones de ouvido antirruídos. Eles têm um dispositivo que "escuta" sons em baixa frequência antes de você e geram um som que os cancela. Muitas empresas estão fabricando o tal fone, e o preço gira em torno de 40 a 300 dólares, mais ou menos.

Ed Wilhite, Illinois

CANSAÇO QUE COMPENSA Sempre procuro me exercitar antes de ir para o aeroporto. Isso me deixa tão cansado que acabo conseguindo relaxar e dormir durante o voo. Se não tenho tempo para praticar exercícios, caminho a pé até o terminal ou então tento encontrar um lugar calmo para praticar meus exercícios de ioga.

Kimberly Gilbert, Massachusetts

VOOS AO ALCANCE DE SEUS DEDOS Faça um *download* da programação mais atualizada das companhias aéreas no seu notebook antes de partir. Se houver um atraso ou um cancelamento no aeroporto, você terá todas as informações necessárias para encontrar outro voo rapidamente.

Neal Green, Maryland

O CHAMADO CERTO Caso seu voo seja cancelado, não fique esperando pacientemente na fila para conseguir embarcar novamente. É só ligar para o telefone 0800 da companhia aérea. Eles vão atender a seu chamado muito mais rapidamente e você não terá de ficar esperando junto aos demais passageiros do mesmo voo. (Ou garanta-se ainda mais ligando quando estiver na fila.)

Karen LoPresto-Arbaugh, Pensilvânia

COBRE DELES Em um voo da Northwest de Wichita para Cleveland, uma de minhas malas chegou às minhas mãos somente um dia após a minha chegada. Nesse ínterim, precisei repor alguns itens. Guardei os recibos e os apresentei na hora de embarcar de volta e os funcionários da companhia me deram um reembolso de 50 dólares. (A Northwest costuma reembolsar uma quantia de até 50 dólares pelas primeiras 24 horas, mais 25 dólares por cada dia subsequente, chegando ao total máximo de 150 dólares.)

Phil Richard, Kansas

VISTA ESPETACULAR Reserve um assento na janela quando viajar ao Caribe. Em um dia claro, você poderá ver cada ilha com riqueza de detalhes: as colinas, os vales, os penhascos, bem como a areia sob a água transparente, em milhares de tonalidades de azul. Minha recente viagem a Barbados foi a mais fantástica que já fiz em meus quarenta anos de viagens.

Kathryn krieger, Flórida

BANHOS BEM-VINDOS Para os turistas que viajam pela Ásia e fazem uma parada em Tóquio, uma pausa para descanso é sempre muito bem-vinda. Os terminais do Aeroporto Internacional de Narita oferecem camas e chuveiro a um preço muito razoável. Um quarto privativo custa em média 10 dólares por hora e mais 5 por cada hora extra. Banhos quentes de meia-hora custam apenas 5 dólares.

Jan Julian, Flórida

NÃO BRINQUE COM A SEGURANÇA Antes de seguir para o aeroporto, faça uma lista de todos os itens em sua bagagem que são proibidos nas sacolas de mão. Se durante seus dias de viagem algum desses itens (uma faca de piquenique, por exemplo) for parar em sua bolsa ou sacola, você poderá facilmente precaver-se de um problema com a segurança do aeroporto guardando-a no lugar apropriado em sua mala antes de pegar seu voo de volta para casa.

Nina Gormley, Maine

NÃO DEIXE DE MARCAR Durante meus voos internacionais, eu costumava remexer minhas coisas, geralmente entulhadas no compartimento superior às poltronas, cada vez que o comissário de bordo aparecia com formulários de imigração para preencher. (Não conheço muita gente que saiba de cor o próprio número de passaporte e data da emissão.) Agora anoto todas essas informações no marcador de livros que utilizarei durante a viagem, evitando ter de ficar procurando meu passaporte. Consigo preencher tudo rapidamente, o que me dá tempo para emprestar minha caneta para todas as pessoas que nunca parecem ter uma em mãos.

Bill Serues, Pensilvânia

VAPOR! Ao pegar um voo noturno, não se esqueça de colocar um pano seco dentro de um saco Ziploc em sua sacola de mão. Antes de desembarcar, peça para a comissária de bordo uma xícara de água quente (não fervendo). Com muito cuidado, despeje a água dentro da sacola e lave seu rosto e suas mãos com o pano molhado. É como se fosse uma sauna portátil!

Henrietta Scarlett Ober, Vermont

CONVERSAS DE TRAVESSEIRO Travesseiros térmicos são perfeitos para seu voo. Eles são apresentados em três tamanhos, podem ser dobrados, se expandem mais que qualquer outro travesseiro e podem ser lavados na máquina. Sempre que tiro o meu da minha sacola de mão, recebo olhares cheios de inveja de meus companheiros de viagem. Todo mundo quer saber onde o comprei. O site REI (rei.com) vende esse tipo de travesseiro a um custo que varia de 18 a 25 dólares, dependendo do tamanho.

Sheila Lauber, Washington

FACILITE AS COISAS Antes de ir para o aeroporto, dê uma parada na recepção de seu hotel ou cruzeiro e peça a eles que imprimam sua passagem. Isso irá ajudar você a economizar taxas de internet e tempo na hora do *check-in*. Funcionou para mim várias vezes em hotéis da rede Marriott e em um cruzeiro marítimo.

Rose Jakubaszek, Nova Jersey

COMPRAS PROVADAS Antes de deixar os Estados Unidos, faça cópias de todos os recibos de itens caros que esteja levando na bagagem. Desse modo, não terá de ficar brigando com o pessoal da alfândega sobre as coisas que não comprou no exterior, na volta para casa. (Sou fotógrafo e sempre levo câmeras muito caras em minhas viagens.)

Derrick Du, Califórnia

VISTOS NA HORA Se você for viajar para um país que exija visto, pergunte ao consulado desse país se esse visto pode ser obtido no aeroporto na hora da chegada. Em muitos casos (como Turquia e Egito) isso é possível. Conseguir o visto na chegada é um procedimento muito mais simples e realmente mais barato. Você não vai ter de tirar fotografia (eles imaginam que seu passaporte já tenha uma), não vai ter de pagar taxas ao consulado daquele país, além de evitar muitas outras despesas e riscos. Mas tenha certeza absoluta de que o visto realmente possa ser obtido na chegada.

Carmencita Soriano, Califórnia

BOLA NOTA DEZ Uma bola de inflar pode substituir uma porção de engenhocas caras durante seu voo. Depende do quanto você enchê-la, a bola poderá ser usada como um confortável descanso para seus pés, um apoio para as costas ou um lugar para apoiar seu livro.

Dorothy Vincent, Nova York

PÁGINAS EM BRANCO Certifique-se de que haja páginas em branco em número suficiente em seu passaporte. Uma conhecida minha teve uma grande dor de cabeça ao tentar embarcar em um voo da Zâmbia para a África do Sul porque não tinha as duas páginas em branco no passaporte exigidas pelo país para a entrada de turistas. Graças a Deus que meu marido e eu tínhamos lido a respeito dessa exigência. Antes da viagem, mandamos nosso passaporte para Charleston e conseguimos que novas páginas fossem acrescentadas sem custo algum.

Patricia Beagle, Nova York

NO LIMITE Se estiver planejando uma viagem para o exterior, não se esqueça de verificar as regras que dizem respeito aos passaportes (verifique pela internet ou por telefone com a embaixada do país em questão). Meu passaporte ia vencer em três meses e descobri no último minuto que precisava de, pelo menos, seis meses de margem de segurança para poder entrar no Taiti. Felizmente, consegui obter um novo passaporte a tempo de poder sair para minha viagem.

Jean Schwinn, Sauk Rapids, Minnesota

SOLTEIROS, CASADOS OU DIVORCIADOS Se você é divorciada e quer viajar para o exterior com seus filhos, verifique primeiro as exigências legais. Quando tentei levar meus filhos para Cancun, percebi tarde demais que o México exige uma carta de autorização assinada pelo pai e pela mãe quando os filhos menores estão viajando sozinhos ou acompanhados apenas por um deles ou pelo responsável. Se os pais são divorciados, uma cópia do acordo da custódia pode substituir a carta. As companhias aéreas enfatizam esta regra antes do embarque do passageiro.

Marge Stratton, Nova York

LEITE LEGAL Achar cafés da manhã nutritivos em um aeroporto não é uma tarefa fácil. Costumo levar sempre uma caneca térmica em minhas viagens. Antes de sair de casa, eu a encho com um cereal com alto teor de proteína e então peço um copo de leite desnatado durante o voo.

Randy Hartselle, Califórnia

DEITE E ROLE Tente relaxar com uma massagem nos pés feita com uma bola de pingue-pongue. Durante um voo longo ou mesmo depois, em seu quarto de hotel, tire seus sapatos, coloque uma bola de pingue-pongue no chão e faça movimentos rotativos com os pés. É um jeito excelente de aliviar o estresse. Pratique um pouco antes de usar o método no avião, para que a bolinha não escape pelo corredor, assustando os passageiros desavisados.

Dawn Yadlosky, Ohio

ROTEIRO PARA OS DE CASA Todos os verões, viajamos de carro com nossos dois filhos pequenos. Para evitar aquela famosa pergunta durante a viagem ("Já chegamos?"), costumo dar para cada um deles um mapa com nossa rota bem destacada nele. Assim, durante o caminho, eles poderão ver os nomes das cidades e achá-las no mapa, e saberão exatamente onde estamos e quanto ainda falta para chegarmos.

Machell McCoy, Pensilvânia

PARA DISTRAIR Quando viajar com seus filhos pequenos, dê a cada um deles uma sacolinha contendo alguns itens interessantes para passar o tempo – seja nas longas esperas nos aeroportos, nos voos intermináveis ou mesmo nos hotéis onde estiverem –, bem como alguns itens que lhes sejam familiares. Não se esqueça de incluir um caderno e sugira que façam um diário da viagem, escrito ou desenhado.

Joan White, Texas

ESCOLA RELAXANTE Se estiver viajando com seus filhos pequenos e à procura de um lugar onde eles possam gastar a energia acumulada, não se esqueça de dar uma olhada nos parques de diversão da escola de educação infantil do local. Quase todas elas possuem brinquedos que seus filhos irão adorar. Isso dará também a toda a família uma boa chance de esticar as pernas.

Heather Fitzgerald, Rhode Island

BRINQUEDOS ORGANIZADOS Coloque os brinquedos ao alcance de seus filhos durante suas viagens de carro. Pendure um porta-sapatos na parte de trás do banco do passageiro, de modo que as crianças possam manter seus bichinhos de pelúcia, livros e brinquedos muito bem organizados. Ter tudo à mão pode ajudar a prevenir confusões durante o caminho.

Jennifer Casasanto, Massachusetts

FACILITE AS COISAS Antes de passar pela segurança do aeroporto, para economizar tempo e evitar que alguma coisa fique esquecida, guardo todos os itens avulsos (troco, clipes de dinheiro, fivelas de cintos, canetas) em um saco Ziploc grande. Mando o saco em questão para o raio-X com minha bagagem habitual. Após pegá-la de volta, coloco as coisas novamente no lugar e guardo a sacola para a próxima viagem.

Rodrigo Fernandez, Nova Jersey

Capítulo 4

SEGURANÇA TOTAL

MANTENHA SUA FAMÍLIA, SEU DINHEIRO E SEUS PERTENCES A SALVO

TUDO PLANEJADO Se estiver pensando em usar caixas eletrônicos em suas viagens internacionais, certifique-se de que a quantia de que vai precisar esteja em sua conta corrente, porque alguns caixas eletrônicos no exterior não permitem acesso a contas poupança. E não se esqueça de levar o número de telefone de seu banco. É que alguns 0800 não funcionam em outros países.

Donna Johnson, Connecticut

QUARTETO FABULOSO Algumas pessoas acham que os cheques de viagem caíram em desuso, mas a verdade é que eles ainda podem ser usados em várias situações. Não consegui acessar minha conta em um caixa eletrônico na Ilha de Páscoa, onde quase todos os restaurantes exigiam o pagamento em pesos, recusando qualquer cartão de crédito. Felizmente, o hotel onde estávamos hospedados trocou meus cheques de viagem pelos pesos de que eu tanto precisava. Na República Dominicana, minha bolsa foi roubada. Mas como ainda tinha cheques de viagem guardados na mala, minhas férias não foram totalmente arruinadas. Sempre viajo com meu "quarteto fabuloso": (1) cédulas de dinheiro (algumas notas de 1 e de 5 divididas e bem escondidas em diversos lugares diferentes), (2) cheques de viagem, (3) meu cartão do débito e (4) um cartão de crédito.

Jeanette Cantwell, Nova York

CRÉDITO EXTRA Quando meu marido e eu viajamos, costumamos levar pelo menos três cartões de crédito diferentes. Levo um que ele não tenha, ele leva um que eu não tenha e nós dois levamos nossos próprios. Se um de nós tem a carteira roubada, podemos cancelar dois cartões e ainda ficar com um disponível para usar. Também temos cartões de bancos diferentes, úteis para quando alguma máquina não aceita um de nossos cartões, ou caso tenhamos de sacar mais dinheiro do que o limite permitido por dia.

Joyce Morden, Washington

ADEUS ÀS TAXAS Antes de trocar moeda estrangeira nos aeroportos, descubra se ainda há alguma taxa de desembarque a ser paga. No aeroporto de Bangkok, ficamos muito aborrecidos (assim como todos os outros passageiros ao nosso lado) ao descobrir que ainda tínhamos uma taxa para pagar antes de seguir nosso caminho. Infelizmente, àquela altura, todo o mundo já tinha feito a troca do dinheiro e a única solução era usar o cartão de débito, o cartão de crédito ou uma cabine de troca a uma taxa de câmbio extremamente desvantajosa para o viajante. Mais tarde, quando comentamos o incidente com amigos, eles nos contaram que tiveram a mesma experiência quando tentavam sair da República Dominicana.

Parisa Montazeri, Virginia

DATAS VÁLIDAS Não deixe de olhar as datas de validade dos cartões de crédito que pretenda usar em sua viagem. Em Budapeste, tentei sacar dinheiro com meu cartão de crédito e foi somente então que descobri que ele vencera havia poucos dias.

Matt Vance, Texas

NÃO SE ESQUEÇA DAS SENHAS! Decore suas senhas! Meu marido e eu saímos de casa com pouquíssimo dinheiro nas mãos e, em vez de sacar dinheiro no aeroporto, meu marido, sempre o procrastinador, decidiu esperar até chegarmos a Cancun para usar seu cartão de crédito. Sabe o que aconteceu? Não funcionou em um dos caixas eletrônicos. E, embora ele tivesse vários cartões de crédito com os quais pudesse sacar dinheiro, não sabia as senhas de cor. Compramos com cartões de crédito tudo que pudemos durante nossa estadia, mas muitas lojas só aceitavam dinheiro vivo. Não é preciso dizer que não voltamos para casa com a mala muito cheia de compras.

Cassandra Knight, Flórida

O PÃO NOSSO DE CADA DIA Quando viajo, costumo dividir toda a quantia em dinheiro que pretendo levar pela quantidade de dias que passarei viajando. Guardo cada parte desse dinheiro em envelopes diferente e, assim, tenho total controle sobre meus gastos. Se preciso utilizar em um mesmo dia o dinheiro reservado para o dia seguinte, sei imediatamente que passei dos limites; então, faço todo o possível para compensar o exagero economizando no dia posterior. Qualquer dinheiro que sobra ao final de cada dia vai para um envelope separado. Dessa maneira já consegui voltar para casa trazendo dinheiro nos bolsos!

Wendy L. Phiel, Pensilvânia

DINHEIRO SUFICIENTE Se planejo viajar para diversos países que utilizam moedas diferentes utilizo vários porta-moedas de tecido. Guardo dólares em um, libras em outro, euros em um terceiro etc. Quando saio para passear pelas ruas da cidade que estou visitando levo comigo apenas o porta-moedas de que preciso; deixo todos os outros bem guardados no cofre do hotel. Procuro não ficar remexendo o dinheiro dentro das lojas e evito misturar moedas que parecem iguais. Além disso, sempre sei quanto dinheiro tenho exatamente.

Peg Welch, Pensilvânia

COMPARTILHE SEU ROTEIRO

Meu marido e eu sempre enviamos um e-mail para nós mesmos e para nossa família com as informações sobre nosso itinerário – incluindo voos, hotéis e números de confirmação. Se nossa bagagem é extraviada ou nossas carteiras, roubadas, todas as informações de que precisamos estarão disponíveis pela internet na *lan house* mais próxima.

Courtney Fuller, Georgia

LAVAGEM DE DINHEIRO Viajamos para o México e para a China no ano passado e tivemos a mesma experiência nos dois países. Quando tentamos trocar nossos dólares pelo dinheiro local, os bancos não aceitavam notas rasuradas (marcadas com telefones, nomes ou rabiscadas). Também não aceitavam notas rasgadas nem estragadas. (Havia um grupo de franceses enfrentando o mesmo problema com seus euros). Então, antes de partir, certifique-se de que o dinheiro que vai trocar esteja em perfeitas condições (ou melhor, peça ao seu banco para lhe disponibilizar notas novinhas em folha).

John Rybczyk, Flórida

A MELHOR APÓLICE O site quotetravelinsurance.com fornece detalhes comparativos de mais de cem planos de seguros de viagem, permitindo que você faça a melhor escolha. Ele se baseia em dados obtidos por supervisores de companhias de seguros como a A.M. Best e padronizam a representação dos seguros antes de permitir que as grandes empresas se apresentem.

Marc Oppy, Oregon

PROTEÇÃO NA PORTA Se você é mulher e está viajando sozinha, ou se suas acomodações não lhe inspirarem muita confiança, coloque um tapetinho de borracha na base da porta de entrada quando estiver dentro do quarto. Será impossível alguém abrir a porta pelo lado de fora.

Kimberly Milne-Fowler, Dinamarca, Austrália

IDENTIFIQUE SEU PC Um agente de segurança do aeroporto sugeriu que colássemos um cartão de visitas em nosso notebook. Segundo ele, seis notebooks são esquecidos por lá todos os dias! Há tantos procedimentos atualmente (tirar os sapatos, tirar os casacos), que as pessoas acabam se esquecendo de seus computadores. O agente nos disse que é muito difícil devolver o equipamento ao dono, porque quase todos eles têm senhas que escondem todas as informações pessoais do proprietário.

Liz Nealon, Nova York

TEMPO É DINHEIRO

Se você chegar a uma cidade após o horário de funcionamento dos bancos (e não puder usar um caixa eletrônico) faça o câmbio apenas da quantia que irá precisar para passar a noite. Algumas agências de câmbio oferecem uma taxa mais alta depois que os bancos fecham e voltam a oferecer taxas melhores quando eles reabrem no dia seguinte.

Jim Citron, New Hampshire

PROTEJA SEU BOLSO Uma maneira simples, mas eficaz, de evitar que os ladrões façam a festa com sua carteira é colocar um alfinete de segurança no bolso traseiro de sua calça. Deixe espaço suficiente para que você possa tirá-la sem muito esforço, mas não muito grande para que um mão-leve possa fazer o serviço em um ou dois segundos.

Rusty Cartmill, Georgia

MENOS É MAIS Em vez de correr o risco de perder seus cartões de crédito e de lojas de departamentos é melhor deixá-los no hotel quando não for usá-los. Sua carteira ficará mais leve e você terá menos preocupações.

George Bracken, Nova York

PARA ONDE VAMOS? Se por acaso estiver viajando com alguém, marquem um lugar seguro para se encontrar, caso se percam um do outro. Meu marido e eu estávamos no metrô de Paris. Ele conseguiu entrar no vagão, mas eu acabei ficando na plataforma. Como já tínhamos traçado um plano para tal eventualidade, ansiedade e preocupações puderam ser evitadas.

Marian Moss, Georgia

NÚMEROS INTEIROS Comprei muita coisa em Londres e, ao voltar para casa, reparei que o número completo do meu cartão de crédito tinha sido impresso em cada um dos comprovantes de compra. Nos Estados Unidos, geralmente apenas os quatro últimos números são visíveis. Os turistas devem tomar cuidados quando usarem seus cartões de crédito no exterior. Não deixe seus comprovantes perdidos por aí!

Jackie MacNeil, Califórnia

BAGAGEM BEM PRESA Leve sempre alguns mosquetões de alpinismo em suas viagens. Passe um pela alça de sua mala e prenda-a a algo sólido e fixo onde estiver (em um banco de praça, de uma estação de trem, de um ônibus etc.). O mosquetão vai lhe proporcionar mais segurança, principalmente se tirar um cochilo.

R. Bryan Simon, Virginia

SINOS PEQUENINOS A fim de não perder minha bagagem, uso sempre um pequeno sino de metal (daqueles usados no tornozelo por dançarinas indianas). Passo uma linha de náilon nele e prendo-o à minha mala. Se alguém mexer nela, o sino vai tocar. Não é um som muito alto, mas dá para perceber que um ladrão está tentando roubar minhas coisas. O mesmo sino pode ser usado também na maçaneta da porta do lado de dentro do seu quarto de hotel.

Jim Hall, Georgia

ANEL DE NOIVADO Um zíper com cadeado vai servir para alertar os ladrões de que há alguma coisa muito especial em sua mala que valha a pena roubar. Um chaveiro, porém, chama muito menos atenção. Use-o para manter o zíper fechado. O melhor de tudo é que você não vai ter de ficar decorando a combinação.

France Freeman, Washington

ARMADILHA PARA O LADRÃO Em duas ocasiões diferentes, ladrões levaram a bagagem que tínhamos deixado em nosso carro alugado. Agora, viajamos sempre com uma corrente de bicicleta e um cadeado. Se não tiver outro jeito e realmente precisarmos deixar nossas malas no carro, passo a corrente em volta das alças e prendo-a em algo seguro como um assento ou outro item fixo do porta-malas. Mesmo que o ladrão consiga entrar no carro, ele vai ter muito trabalho para levar a bagagem.

Karen McCarty, Idaho

TUDO PRESO Sou fanático por engenhocas eletrônicas e não gosto de viajar sem certos itens como meu iPod ou minha câmera digital. Em uma de minhas viagens, porém, acabei deixando minha câmera em um restaurante lotado e, quando me dei conta e voltei para buscá-la, é evidente que alguém já a tinha levado. Agora, amarro todos os meus objetos à minha sacola com um barbante. Fica fácil usá-los e não corro mais o risco de perder ou esquecer alguma coisa.

France Freeman, Washington

BANDEJA CHIQUE Todos sabemos que não se deve beber água de torneira em certos países, mas nem sempre nos lembramos dos cubos de gelo. Comecei a levar minhas próprias bandejinhas de gelo, que costumo encher com água mineral e colocar para gelar no frigobar do quarto de hotel.

Christa Babel, Colorado

LACRE DE PROTEÇÃO

Quando comprar uma garrafa de água mineral, certifique-se de que o selo ou lacre de proteção esteja intacto. Ao visitar a Acrópolis de Atenas em um dia muito quente de verão, vi um garoto enchendo garrafas vazias com água de torneira e vendendo-as a turistas sedentos.

Alice Atkinson, Texas

CUIDADO COM ALERGIAS Viajar para países cuja língua você desconhece pode ser perigoso para quem sofre de alergias. Encontre alguém fluente na língua desse país e peça à pessoa que escreva tudo a que você for alérgico (temos um amigo que incluiu a frase "isso pode me matar"), e o que fazer, caso fique doente. O Google translator também pode ser muito útil.

M. Thompson e **K. A. Fares Bannon**, Ontário, Canadá

CORREIO LEGAL Quase todas as agências de correio da Inglaterra permitem que a pessoa troque moedas estrangeira sem cobrar nenhuma taxa adicional. Isso é muito útil para trocar euros e dólares americanos por libras esterlinas e vice-versa. Para localizar uma agência próxima ao local onde estiver hospedado, acesse o site postoffice.co.uk.

Angela Skelcher, Londres, Reino Unido

PÍLULAS FANTÁSTICAS Quando estiver fora de seu país, não tema o fato de precisar ir a uma farmácia. Em uma recente viagem à França, percebi que tinha me esquecido de levar os medicamentos que tomo normalmente. Quando meu problema apareceu, fui a uma farmácia local (procure a cruz verde). O farmacêutico providenciou minha medicação mesmo sem a receita médica, a um preço muito menor do que eu teria pago nos Estados Unidos. Na verdade, as pessoas ganhariam se fizessem estoques de sua medicação habitual, em vez de comprar em seu país de origem, a um custo bem mais elevado.

Mainard Tom, Califórnia

O 0800 QUE NÃO FUNCIONA Antes de viajar para o exterior, dê uma olhada no cartão do seu plano de saúde. Se tiver apenas os números 0800 ou 0888, ligue para o número em questão e obtenha o número local e o código da área para onde pretende ir. Muitos números 0800 não podem ser discados de países estrangeiros. Aprendi essa dura lição durante uma internação de emergência na Suíça. A demora para que eu pudesse ser atendida poderia ter sido evitada.

Chris Carveth, Connecticut

AJUDE SEMPRE Um dia antes de deixarmos Zanzibar, na Tanzânia, doamos nosso bem equipado estojo de primeiros socorros a uma organização que cuidava de idosos. Esse pessoal ficou muito agradecido ao receber caixas de antibióticos que não tinham sido usadas, analgésicos, esparadrapos, *sprays* e bálsamos em geral. Nós nos sentimos muito bem em fazer algo pelo país que nos recebeu, antes de voltar para casa.

Janet Barton, Califórnia

MACHUCOU? Se você sentir uma dorzinha ou perceber que uma bolha está se formando em alguma parte de seu corpo, esfregue um pouco de vaselina ou protetor labial no local afetado. Costuma melhorar bastante.

Donna Benesch, Ohio

NÁUSEA? USE SEU PULSO Coloque uma moeda sobre as veias da parte interna de seu pulso (mais ou menos uns dois dedos a partir da base da palma de sua mão) e prenda-a com um elástico. A pressão suave da moeda ajuda a estimular os nervos que controlam a náusea, exatamente como as tiras contra enjoos vendidas nas farmácias.

Connie Crusha, Califórnia

LENÇOS NOTA MIL Não vou a lugar nenhum sem minha caixa de lencinhos antibacterianos. Coloco alguns dentro da bolsa, da sacola de mão ou mesmo no bolso. São muito úteis quando não encontramos uma pia onde possamos lavar as mãos. E, como são antibacterianos, também são perfeitos para limpar pequenos ferimentos. Além disso, o álcool presente na fórmula serve para aliviar a coceira provocada por picadas de insetos.

Lawrence Brenner, Texas

FOTOS QUE PROTEGEM Desde que meus filhos eram pequenos, sempre que íamos viajar eu levava na carteira fotos recentes de todos eles, para o caso de alguém se perder. Agora que são adolescentes e viajam com a família dos amigos, faço a mesma coisa. Mando as fotos para as famílias e peço que levem com eles. Também marco meu nome e telefone no verso das fotos, para que possam me encontrar em qualquer emergência.

Ruth Ann Newsum, Kansas

IDENTIFICAÇÃO TOTAL Crie uma ficha de identificação para cada um de seus filhos antes de partir para uma viagem. Além de informações sobre a viagem em si (nome do hotel e número do telefone), inclua o nome da criança, uma foto recente, o endereço de casa, o telefone, a data de nascimento, RG, CPF, o número do passaporte, a cor dos olhos, a cor dos cabelos, a altura, qualquer marca de nascença que possa haver, o tipo sanguíneo, alergias que possa apresentar, medicações habituais, números de telefone do médico, do plano de saúde e da carteirinha, datas de vacina e impressões digitais. (Impressões digitais não mudam nunca, de modo que o tempo gasto para tirá-las vale o sacrifício.) Se o pior acontecer, a rapidez com que tais informações serão passadas às autoridades poderá fazer uma grande diferença.

Robin Flannery, Nova York

BOCA NO TROMBONE Dê a seus filhos um apito, para o caso de se perderem. Prenda-o a uma fita, de modo que eles possam colocá-lo em volta do pescoço. O som estridente pode não ser a coisa mais agradável do mundo, mas certamente lhe dará a chance de achá-los com mais rapidez!

Chandra Huang, Havaí

KIT COMPLETO Quando viajo com meus filhos, levo sempre um saco Ziploc que inclui quatro itens: uma pomada para alergias causadas por picadas de insetos, as medicações que as crianças costumam tomar, um daqueles copinhos para remédios e um termômetro. Esse kit muito útil ajuda bastante em casos corriqueiros ou para tratar uma gripe mais forte, até encontrar um médico. Melhor de tudo, evita que meu marido saia do hotel no meio da madrugada para achar uma farmácia aberta.

Heather Crow, Novo México

COMER, COMER! Com muitos anos de experiência trabalhando na Norwegian Cruise Line, aprendi que comer um pãozinho ajuda a assentar o estômago quando o navio começa a balançar. Quanto menos líquido tomar nesse momento, melhor. E caso tiver esquecido suas pílulas antienjoo, não tem problema. Os comissários de bordo têm sempre esse tipo de medicação disponível para os passageiros mareados.

Jim Polanzke, Pensilvânia

CHAMADO GELADO Hoje em dia, os paramédicos costumam procurar os contatos de emergência nos telefones celulares das vítimas. Armazene a palavra "ICE" (*In Case of Emergency*) ou "ECE" (Em Caso de Emergência), em sua lista de endereços, bem como o nome e número do telefone da pessoa que você gostaria que o pessoal do resgate chamasse. (Para mais de uma pessoa, use ICE1/ECE1, ICE2/ECE2 etc.) Diga a eles que os escolheu como contato e certifique-se de que saibam que tipo de medicação você costuma tomar e a que é alérgico.

Cindy Nguyen, Illinois

BANHEIRA-PROBLEMA Suporte de segurança preso à parede, bem como superfícies antiderrapantes não são itens comuns em banheiras e chuveiros na Europa. Por isso, nunca deixo de levar capachinhos de borracha em minhas viagens, a fim de prevenir quedas e escorregões.

Fran Plewak, Vermont

CAIXINHA LEGAL Minhas amigas e eu colocamos uma certa quantia em uma caixinha e usamos esse dinheiro para pagar nossas despesas com corridas de táxis e refeições. Assim, não precisamos ficar calculando quanto cada uma vai ter de pagar em todos os lugares por onde formos parando. No final da viagem, dividimos o que sobrou.

Carol Moran, Montana

BARREIRA À PROVA D'ÁGUA

Quando viajo para um país onde beber ou escovar os dentes com água da torneira seja arriscado, costumo cobrir a torneira da pia com uma toalha. Isso é ótimo porque não corro o risco de abri-la quando ainda estou sonolenta.

Denise Crocker, Califórnia

Capítulo 5

LAR LONGE DO LAR

SUAS ACOMODAÇÕES

BANHO SECO Durante uma viagem à China, a água do chuveiro acabou quando eu estava na metade do banho. Foi só aí que reparei que o balde vazio dentro da banheira estava ali por uma única razão: eu deveria tê-lo enchido de água para me prevenir justamente desse incidente.

Ned Clem, Arizona

CONHECIMENTO PROFUNDO Férias que incluem mergulhos costumam ser muito caras. Quando estou planejando uma delas, ligo para uma loja especializada em mergulho do local para onde pretendo ir e peço informações a respeito de acomodações nas proximidades. Os funcionários me fornecem sugestões de pousadas e hotéis mais baratos que não conseguiria encontrar sozinha e acabo economizando o suficiente para poder gastar com meus mergulhos.

Lyle Bennett, Tennessee

TRANSPORTE NÃO TÃO EFICAZ Não se esqueça de verificar o horário de funcionamento dos ônibus que fazem o transporte entre o hotel onde esteja hospedado e o aeroporto. Em Roma, ficamos surpresos ao descobrir que nosso hotel, que fazia uma propaganda incrível desse serviço, só o oferecia durante algumas horas por dia.

Gail Moriarty, Connecticut

UM LENÇOL BRANCO Quando estou arrumando minhas malas para deixar um hotel, costumo afastar a roupa de cama, de modo que somente o lençol branco de baixo fique aparente. Daí, todos os itens colocados sobre a cama ficam bem visíveis. Uma vez, deixei uma câmera para trás porque não consegui enxergá-la contra uma colcha muito escura.

Fran Schaak, Michigan

ACHADOS *ON-LINE* Antes de reservar um quarto por telefone, dê uma olhada no site do hotel e veja se eles têm uma taxa diferenciada para reservas pela internet. Geralmente você consegue preços melhores do que conseguiria por telefone. Recentemente, liguei para um hotel e a diária ficava em torno dos 129 dólares. Reservei o mesmo quarto pela internet por 89 dólares.

Ying Wang, Maryland

SOMENTE PARA MEMBROS Participe dos programas para os hóspedes em todas as redes de hotéis em que se hospedar, mesmo que esteja ali pela primeira vez ou que não viaje com muita frequência. Alguns programas enviam cupons de descontos para reservas de quartos ou oferecem descontos para acomodações melhores simplesmente porque a pessoa é membro do programa. Após ter me vinculado ao programa de hóspedes especiais da rede de hotéis Omni, recebi um cupom que consegui trocar por um quarto em Chicago a um custo de 80 dólares por noite.

Allison Meyer, Illinois

INCREMENTE SUA VIAGEM Mesmo que você esteja hospedado em um hotel *resort standard*, aproveite as maravilhas oferecidas por muitos *resorts all-inclusive*, como o uso da piscina, das cadeiras de praia e do restaurante. Esses hotéis sofisticados costumam vender passes para passageiros de navios que pretendem passar o dia em terra firme, mas qualquer pessoa pode obtê-los a um preço muito baixo. Para aqueles que estiverem hospedados em pousadas ou hotéis modestos, essa pode ser uma boa chance de conhecer um lugar com muito mais *glamour*.

Mandy Vieregg, Texas

SABEDORIA NÃO CONVENCIONAL Quando for a uma convenção, ou mesmo viajar a negócios, não fique achando que os preços oficiais dos hotéis recomendados são o melhor que você poderá encontrar. Acesse o website do hotel. Recentemente, consegui um desconto de 30% sobre o preço especial que me fora oferecido pelos organizadores da convenção. Os descontos de cartões AAA (Associação Americana de Automóveis) também costumam funcionar.

Duane Dahl, Novo México

PAGAMENTO À VISTA Tente conseguir um desconto no hotel onde quiser se hospedar pagando à vista. Uma encarregada por fazer as reservas em um hotel me deu essa sugestão quando liguei para reservar um quarto em Londres. Perguntei se poderia obter algum desconto por meio dos cartões AARP (Associação Americana de Pessoas Aposentadas) ou AAA, como acontece em muitos hotéis nos Estados Unidos. Ela me disse que o único desconto que poderia me oferecer seria de 10% se eu pagasse à vista.

Joan Nikelsky, Pensilvânia

ESTACIONAMENTOS ESPETACULARES Você pode usar o estacionamento do aeroporto gratuitamente se passar a noite anterior em um hotel ou motel do aeroporto que ofereça esse pacote. O custo da hospedagem (que permite que o carro fique estacionado por até duas semanas) é muito mais baixo do que você pagaria para usar o estacionamento.

Mike Zaloudek, Califórnia

FELICIDADE DE CASAL Não fique achando que um quarto de solteiro tem um preço mais reduzido que o de casal. Fiz uma reserva pela internet de um quarto de hotel na Espanha e reparei que os preços dos quartos de solteiro e de casal eram iguais, mas o de solteiro era muito menor e o banheiro, além de dispor de um box muito pequeno, não tinha banheira.

Don Carne, Michigan

LAVANDERIA, AQUI VOU EU! Em vez de deixar a roupa para a lavanderia na recepção do hotel onde estou hospedada, costumo dar uma volta pelo quarteirão e procurar pela lavanderia mais próxima, provavelmente a mesma usada pelo hotel. Cortando o intermediário, geralmente pago 25% do que pagaria para o hotel.

Amy Parks, Carolina do Norte

NÃO ERA O QUE EU QUERIA Minha família e eu fizemos reservas em um hotel na praia em Maui. Assim que chegamos, ficamos extremamente aborrecidos ao ver uma placa que dizia "Local impróprio para nadar". Certifique-se, na hora de fazer a reserva, de que a praia perto do hotel possa ser usada sem problemas.

Ruth Herlean, Virginia

UMA BOA IDEIA Quando estou viajando, uso sempre o ferro de passar do hotel antes de sair para meus compromissos. Mas colocar água ali dentro pode ser complicado, já que a maioria dos ferros não cabe sob a torneira da pia e usar um copo para despejar água naquele buraquinho pequeno é quase impossível sem respingar. Descobri uma excelente solução: use a garrafa da máquina de fazer café. Não se esqueça de certificar-se de que ela está limpa, senão você vai ter manchas de café pela roupa toda.

Paul Schnebelen, Califórnia

CONFORTAVELMENTE QUENTINHO

Viajar no inverno para lugares frios significa ligar o aquecedor em seu quarto de hotel. Porém, com o ar quente artificial, você também vai ganhar pele seca e eletricidade estática. Em vez disso, encha a banheira com água muito quente e deixe a porta do banheiro aberta. Em mais ou menos uma hora, o quarto todo estará naturalmente aquecido e agradável.

Susan Mutty, Michigan

SOLUÇÕES PRÁTICAS O balde da máquina de fazer gelo de nosso hotel estava muito velho e gasto e, além disso, faltava o saco plástico. Sabe qual foi a solução que encontrei? A touca de banho que não uso nunca. Na verdade, ela funcionou até melhor do que o saco, porque o elástico ficou bem preso em toda a borda do balde.

Susan Swickard, Colorado

TAPETE MÁGICO Descobri que colocar um tapetinho de borracha sob a porta de meu quarto de hotel reduz o barulho e a luz que podem vir do corredor, garantindo assim um sono muito mais tranquilo e agradável.

Louisa Elder, Illinois

DE OLHO NO RELÓGIO Antes de ir para a cama, verifique se o hóspede anterior deixou o despertador ligado. Fui acordado antes das sete da manhã duas vezes nos últimos meses por despertadores que eu não tinha programado. (Certifique-se também de que os relógios estejam mostrando a hora certa!)

Rachele Hemphill, Califórnia

ATITUDE INTELIGENTE Reservar um apartamento de última hora pode ser um ótimo negócio e ainda há um jeito de aumentar sua economia e diminuir o risco de não encontrar nada. (Por última hora entenda-se um mês ou um pouco menos antes da viagem; estadias de sete dias geralmente começam no sábado.) Compre sua passagem aérea e reserve um hotel para o caso de não encontrar um bom negócio em termos de apartamento. Então, um mês antes da viagem, comece a procurar nos sites de última hora (lastminutetravel.com, site59.com etc.). Se encontrar um bom negócio, cancele a reserva do hotel e pague a taxa de multa (se houver). Desse modo, encontrei um lindo apartamento de um dormitório em Maui de frente para a praia e economizei mais ou menos 300 dólares no final da história.

Joan Chyun, Califórnia

IDEIA BRILHANTE Costumo levar sempre uma lanterna para os hotéis onde me hospedo para o caso de haver algum apagão. O prédio pode não ter gerador próprio e, se necessário, a lanterna poderá me ajudar a encontrar a saída mais próxima.

Louis Meshonek, Nova York

QUEBRANDO O GALHO Comissárias de bordo sempre acabam tendo de trabalhar à noite e precisam dormir durante o dia. Sabe o que fazemos para que a luz do dia não entre no quarto do hotel? Utilizamos pregadores para selar as cortinas, de modo que elas fiquem completamente vedadas.

Elisabeth Joyce, Califórnia

MELHORE SUA VIDA Se houve algum problema com o seu voo e lhe oferecerem um "prêmio de consolação" para que você passe uma noite em um hotel, ligue para algum de sua preferência em vez de aceitar logo a primeira sugestão da companhia aérea. Você vai descobrir que, pela mesma quantia (ou uns pouco dólares a mais), poderá se hospedar em um hotel muito melhor. Depois de uma viagem longa, cansativa e cheia de confusão, todo mundo tem direito a descansar em um bom colchão, apreciar um restaurante conceituado e uma piscina aquecida.

Carlos Martinez, Texas

MOSQUITOS NUNCA MAIS Não há nada pior do que tentar dormir sob uma rede de proteção contra mosquitos e perceber que os insetos conseguiram dar um jeito de entrar. Então, da próxima vez que for para algum lugar tropical, onde sabe que poderá usar a tal rede de proteção, lembre-se de levar na mala um rolo de fita crepe. É perfeito para esse tipo de conserto.

Christopher Swain, Georgia

NOITES NA ESCANDINÁVIA Se estiver pensando em viajar para os países nórdicos, visite o site bedandbreakfast.dk. Na Dinamarca, por exemplo, pudemos escolher nossa hospedagem entre, aproximadamente, 400 propriedades espalhadas por todo o país. Os quartos geralmente custam de 55 a 80 dólares por noite (em Copenhagem talvez o preço seja um pouco mais alto) e incluem um completo e variado café da manhã continental com café, pães, queijo e ovos.

Nancy J. Mayland, New Hampshire

SINTA-SE GRANDE NO JAPÃO Quando estiver viajando pelo Japão, torne-se membro da rede Toyoko Inn (toyoko-inn.com/eng). Embora anunciados como hotéis para negócios, eles fornecem quartos arejados e funcionais (a maioria com café da manhã japonês ou continental e internet grátis) por aproximadamente 60 dólares.

Brian Yokoyama, Califórnia

EM LONDRES, EM CASA Visite o site londonbb.com para encontrar quartos de solteiro em Londres a preços bem razoáveis (começam em torno de 45 dólares). Fiquei hospedada em um quarto superaconchegante em uma linda casa no elegante bairro de Hampstead. Ficava em uma ala separada, era extremamente silencioso e privado. Também tinha televisão e uma linda vista para o jardim.

Bonnie A. Marston, Washington

PENSE GRANDE Ao viajar para a Inglaterra, você poderá economizar uma boa quantia em hospedagem ao acessar os websites das redes de hotéis. Por exemplo, o site travelodge.co.uk apresenta uma lista de ofertas com preços a partir de 19 libras o quarto (não por pessoa).

Amy B. Cochran, Nova York

VALORES QUE VALEM A PENA Para encontrar uma *villa* ou um apartamento para alugar, tente fazer uma negociação direta com o proprietário por meio de sites como abritel.fr (em francês) ou homeaway.com (em inglês). Consegui ficar hospedada em um apartamento na Bretanha por duas semanas e em um apartamento no Vale do Loire por uma, tudo pelo total de 800 dólares.

Suzanne Maurice-Roberts, Virginia

FRIO NA ESPINHA Se seu quarto de hotel não tiver ar condicionado e você não conseguir dormir por causa do calor, coloque uma garrafa de água fria debaixo do travesseiro, na altura da nuca. Vai refrescar seu corpo todo.

Tony van Hasselt, Maine

NEGÓCIOS BENFEITOS

Quando liguei para fazer uma reserva em Budapeste, ofereceram-me um quarto por 75 dólares por noite. Assim que disse ao gerente que estava procurando algo em torno de 35 dólares, ele concordou em baixar o preço sem muita discussão. Às vezes, vale a pena pechinchar.

Julie Jensen, Wisconsin

GORJETA ANTECIPADA Se resolver deixar uma gorjeta aos funcionários do hotel onde está hospedado, siga esse útil conselho do nosso amigo Phil: dê a gorjeta no início de sua estadia, não no fim. Ele se apresenta às camareiras logo no começo da viagem e lhes entrega uma boa quantia em dinheiro. Adivinhe quem sempre tem café quentinho e uma porção de toalhas limpas à disposição?

Lou Stover, Califórnia

SEJA BONZINHO COM A CAMAREIRA No último dia de uma recente viagem ao Caribe, quis sair mais tarde do hotel, mas me disseram que não era possível. Eles me ofereceram então o uso de um quarto só para o dia: teria sido perfeito, mas o aposento estava sendo usado por outras pessoas e havia uma longa fila para o banho. Voltei para meu antigo quarto e percebi que a camareira estava prestes a limpá-lo. Disse-lhe que entendia que ela precisava fazer seu trabalho, mas perguntei se por acaso podia tomar um banho antes. Ela se ofereceu para limpar o quarto ao lado, enquanto eu tomava meu banho. Dei-lhe uma gorjeta de 10 dólares e parti para o aeroporto.

Michele Chico, Nova York

TRUQUES QUE FUNCIONAM Antes de apanhar uma garrafa de água mineral do frigobar de seu quarto de hotel, vá à academia local. Você poderá encher uma garrafa com a água oferecida no filtro sem custo algum e ainda não irá derramar uma só gota de suor!

Amanda Geraci, Georgia

LUZ, CÂMERA, AÇÃO Encontrar o banheiro no meio da noite em um hotel estranho ou na cabine de um navio pode ser um tanto perigoso. Deixar a luz do banheiro acesa pode parecer desperdício e, além disso, o quarto se torna muito claro. Meu marido e eu costumávamos viajar com uma pequena luminária de parede, mas nem sempre encontrávamos uma tomada conveniente para ligá-la. Recentemente, descobrimos uma solução mais prática: pulseirinhas transparentes de neon. Elas vêm em várias cores que brilham no escuro e são ativadas quando suas pontas são conectadas formando um círculo. Todas as noites, colocamos as pulseiras na maçaneta da porta e temos uma luz suave iluminando nossas noites.

Carol Attar, Michigan

DE QUE LADO? Se estiver viajando sozinho e seu quarto tiver uma cama de casal, durma do lado oposto ao telefone. Como as pessoas costumam fazer exatamente o contrário, é a parte do colchão menos usada e, por isso, a mais confortável.

Ruth Schnur, Nova Jersey

O QUARTO DO MENINO Quando meu marido e eu ficávamos hospedados no mesmo quarto de hotel que nosso filho de 2 anos de idade, dormir a noite inteira era algo completamente fora de questão. No exato instante em que o pequeno abria os olhos (às duas, três ou quatro da manhã) ele nos acordava, achando que já era hora de brincar). Bem, encontramos a solução. Agora, levamos sempre conosco uma tenda, que armamos em um canto do quarto e onde colocamos alguns livros, cobertores e até bichinhos de pelúcia. Essa tenda pode ser dobrada e pesa cerca de meio quilo. Funciona muitíssimo bem! Meu filho tem seu próprio "quarto" para dormir quando estamos de férias e meu marido e eu podemos ter uma boa noite de sono.

Geri Kronyak, Nova Jersey

GAVETA NOTA DEZ Precisando de um lugar para apoiar seu notebook em seu quarto de hotel? Pegue a maior gaveta da escrivaninha e vire-a de cabeça para baixo, com a parte da frente voltada para o outro lado. Você acabou de criar um apoio perfeito para quando estiver sentado confortavelmente na cama (dá até para se recostar no travesseiro). Além disso, há espaço de sobra para os papéis e dá para escrever ou digitar com facilidade.

Linda Diebold Johnson, Califórnia

ACADEMIA MIL E UMA UTILIDADES Se você utilizar um voo noturno para a Europa e um check-in logo cedo no hotel não for a melhor opção, pergunte ao gerente se pode deixar a bagagem guardada e usar o chuveiro da academia. Assim, estará pronto para aproveitar o dia. Coloque seus objetos de toalete e uma troca de roupas em sua sacola de mão.

Brian Huseman, Washington, D.C.

O PATINHO DE PLÁSTICO NÃO ESTÁ INCLUÍDO Às vezes, pode ser complicado para os pais achar um lugar para dar banho em seus filhos durante uma viagem. Os chuveiros evidentemente não são uma boa solução e as pias minúsculas encontradas nos banheiros do hotel também não são apropriadas. No último cruzeiro que fizemos, eliminamos esse problema colocando na mala uma banheirinha inflável bem barata. (A nossa custou somente 7,99 dólares.) Assim que chegamos, nós a inflamos e a colocamos sob o chuveiro, e nosso bebê pode tomar um banho prático e seguro.

Maria Diekema-Zuidema, Carolina do Norte

SAPATOS IMPECÁVEIS A maioria dos hotéis fornece flanelas para os sapatos, mas não a graxa. Quer um conselho? Coloque um pouco de creme hidratante na flanela (ou mesmo em um lencinho de papel) e, em um instante, os arranhões vão desaparecer e seus sapatos ficarão lustrosos como se tivessem sido engraxados por um profissional.

John Nechman, Texas

AUTOAJUDA Sempre tenho as palavras "hotel" e "táxi" gravadas no meu telefone celular. Durante uma viagem, troco os números, mas deixo os títulos programados. Desse modo, tenho acesso instantâneo e não preciso mais ficar escrevendo endereços e telefones em vários pedacinhos de papel.

Isabel Burk, Nova York

PENUGEM PENOSA Um dia, ao abrir minha mala, percebi que uma calça preta tinha ficado coberta por uma penugem branca. Como não havia nenhuma escova apropriada em mãos, usei a fita adesiva da companhia aérea que marcava minha bagagem; a parte viscosa tirou os fiapos e deixou tudo limpo imediatamente.

Joyce Barbatti, Iowa

MAIS CABIDES DE ARAME! Os poucos cabides fornecidos pelos cruzeiros não são suficientes para uma viagem de uma semana. Então, guardo os cabides de arame nos quais as lavanderias costumam entregar minhas roupas e coloco alguns na mala. Ao final da viagem, deixo os cabides para o passageiro seguinte.

Wendy Macloney, Virginia

SAPATOS SALVADORES Um porta-sapatos preso à porta do banheiro é minha solução para o verdadeiro caos que costuma se instalar nos quartos de hotel. Os compartimentos são perfeitos para guardar de tudo: desde chaves a documentos, passando por objetos de uso pessoal e, é claro, sapatos. Esse espaço nos foi particularmente útil em nossa recente viagem de navio, quando precisamos aproveitar todo o espaço possível em nossa pequena cabine.

Jane Tague, Ohio

COM O PÉ DIREITO Guarde aqueles chinelinhos descartáveis que você recebe no salão de beleza depois de utilizar os serviços de uma pedicure. São ótimos para usar no chuveiro do hotel onde está hospedada. São leves e laváveis e você poderá jogar fora no final da viagem.

Carmen Shirkey, Virginia

ENGANCHE-SE Os banheiros de hotéis em geral costumam ter poucos cabides e ganchos para pendurar roupas e toalhas molhadas, de modo que sempre levo comigo alguns ganchos com ventosa e trava. (Eles são melhores do que os ganchos normais porque são mais seguros e capazes de segurar coisas mais pesadas.) É sempre bom ter um lugar para pendurar um roupão de banho.

Laura Tillman, Michigan

AVISOS BEM PRESOS Sabe aqueles ímãs de geladeira? Costumam aderir à maioria das portas dos hotéis, tornando-as excelentes quadros de aviso. Pregue ali ingressos de teatro, itinerários, lembretes e qualquer outro tipo de informação que vai precisar antes de deixar seu quarto de hotel para aproveitar o dia.

Karen Hartz, Maryland

MOFADO NÃO! Durante minha primeira viagem para Cancun, reparei que meu quarto de hotel tinha um odor desagradável de mofo e umidade. Na viagem seguinte, levei dois perfumadores de ambiente, daqueles que se colocam na tomada: um para o quarto e outro para o banheiro. Isso me ajudou tremendamente. Foi um prazer ter um quarto agradavelmente perfumado. Não se esqueça de levar também um adaptador, que pode ser necessário.

Anita Rivera, Flórida

CAPÍTULO 6

CIRCULANDO POR AÍ

TRANSPORTE PÚBLICO E PARTICULAR

ESCOLHA O QUE MAIS LHE AGRADAR Registros e reservas pela internet não funcionam somente para companhias aéreas. Depois de ter reservado um carro pela internet, ofereceram-me um *check-in on-line* apenas por ter fornecido o número do meu cartão de crédito e de minha carteira de motorista para que fossem verificados. No aeroporto, seguindo as instruções da companhia, informei ao motorista do ônibus que fazia o transporte que eu tinha reservado um carro popular pela internet. Fui deixado no estacionamento e informado de que poderia escolher o carro que quisesse. Então, me dirigi à saída, onde meu cartão de crédito e minha carteira de motorista foram verificados no computador, e tudo estava resolvido.

Brad Cook, Colorado

BAGAGEM ARRASTADA Se, em sua viagem, você acabou comprando mais coisas do que pode carregar, leve seu carro alugado até o local do *check-in*, então devolva-o à agência e volte no ônibus apenas com sua sacola de mão. Isso funciona somente se não houver fila no *check-in*, mas evita que você fique carregando malas pesadas no transporte, pelos estacionamentos etc.

Robyn Volkening, Colorado

AAA LEGAL Já economizei muito dinheiro usando o cartão AAA (Associação Americana de Automóveis). Além de providenciar excelentes serviços rodoviários (ajuda com carros quebrados, chaves perdidas etc.), a maioria dos cartões AAA oferece descontos em passagens para a Disney World e um passe de estacionamento preferencial que permite a você deixar seu carro nos lugares mais próximos às entradas. É uma boa maneira de economizar seus dólares e evitar ter de ficar andando ou tomando *trolleys* nos parques! Brasileiros podem se associar ao Car Club do Brasil (carclubedobrasil.com.br) e desfrutar de vários benefícios, inclusive da AAA.

Judy Small, Indiana

PROVAS INCONTESTÁVEIS Quando alugar um carro fotografe qualquer estrago que ele possa apresentar antes de retirá-lo da agência; algumas câmeras digitais registram a data e a hora de cada fotografia. Durante uma recente visita à Argentina, aluguei um carro que tinha um enorme arranhão na pintura. Quando fui devolvê-lo, o pessoal da agência me culpou imediatamente pelo dano. Então mostrei as fotos e eles retiraram as acusações na mesma hora.

Richard L. Garcia Jr., Texas

LENÇOS AO VENTO Sempre tenho dificuldade em localizar meu carro alugado em grandes estacionamentos. Agora, levo sempre comigo um lenço grande bem colorido, que amarro na antena.

Tamara Johnson, Tennessee

DESCONTOS COMPARADOS Alugamos um carro no verão passado para uma viagem pelo norte da Itália. Inicialmente, fizemos contato com a Europcar (europcar.com) e obtivemos um orçamento de mais de 500 dólares. Visitamos, então, o site Best Fares (bestfares.com) e recebemos uma oferta com um desconto de mais ou menos 50 dólares. Quando contamos ao pessoal da Europcar que tínhamos visto preços mais baixos na internet, eles nos disseram que, se lhes apresentássemos tal orçamento, eles poderiam verificá-lo e cobri-lo. Acabamos encontrando um carro de uma companhia inglesa 100 dólares mais barato. A Europcar, que oferecia os melhores serviços para o nosso itinerário, aceitou esse preço mais baixo e acabamos economizando 150 dólares no final da história.

Marcia Meyer, Maryland

AJUDA NAS ESTRADAS Meu marido e eu costumamos viajar para cidades pequenas fora do circuito turístico habitual, onde as estradas rurais podem ser bastante difíceis. Usamos então nosso GPS para marcar o local onde estamos, as entradas da estrada principal e, mais importante de tudo, as curvas e os desvios das desconhecidas estradas laterais. Quando estamos perdidos no meio de tantas intersecções, ligamos nosso GPS imediatamente e sabemos que caminho tomar para voltar para casa.

Florence McGinn, Nova Jersey

O CEDO QUE NÃO COMPENSA Nem sempre você economiza seu dinheiro ao devolver mais cedo o carro que alugou. A Alamo adota um procedimento em todas as suas agências que desencoraja os clientes a fazer isso. Se você aparecer por lá para devolver seu carro com um ou dois dias de antecedência, a Alamo costuma recalcular o que você lhes deve com base na tarifa diária. Se o valor for inferior ao que você pagou pela semana, eles irão lhe cobrar uma taxa de 15 dólares. Mais uma boa razão para que leia com atenção aquelas letrinhas pequenas do contrato antes de assiná-lo!

Beth Ann Finster, Michigan

QUEBRE OS CÓDIGOS Quando alugar um carro pela internet digite "ofertas especiais", "*special offers*", "boas ofertas" ou "*good offers*" para encontrar os códigos promocionais atuais das companhias. Faça sua reserva usando cada código. Não se esqueça também de que as taxas variam muito de acordo com a época do ano. Consegui economizar mais de 170 dólares quando aluguei um carro em Orlando, na Flórida, por dez dias, mudando minha data de reserva duas vezes e usando códigos diferentes.

Jeff Thomsen, Kansas

EM ROMA, COMO OS ROMANOS Escolha os mapas corretos. Para uma viagem pelo continente, os mapas europeus costumam ser muito mais úteis no que diz respeito à leitura dos sinais rodoviários. Eles marcam Napoli, em vez de Nápolis, e Firenze, em vez de Florença. Eu poderia ter passado o dia inteiro procurando por uma placa que marcasse Munique e perder o caminho para München.

Cynthia Stone Stewart, Texas

NÃO DEIXE DE TESTAR Não saia correndo do estacionamento da locadora de carros. Antes de ir embora, principalmente se estiver em um país onde os controles mecânicos do automóvel podem ser diferentes, teste os faróis e freios, verifique onde fica o estepe e as ferramentas necessárias. Um dia, aluguei um carro no México e percebi depois que havia um defeito no freio. Resultado: sofri um pequeno acidente, que poderia ter sido evitado se eu tivesse feito um teste antes.

Doreen Stelton, Illinois

SEMPRE PARA CIMA Quando estacionar em uma garagem lotada, não pare logo no primeiro espaço disponível no piso inferior. Ele provavelmente fica a quilômetros de distância do elevador. Em vez disso, estacione nos pisos superiores, onde poderá deixar o carro em um local bem próximo aos elevadores. Essa dica foi muito útil em Las Vegas, principalmente nos momentos de chegada e partida do hotel, quando dispúnhamos de muitas malas.

Shane Kays, Illinois

SIGA O CHEFE Viajando de carro pela Itália no verão passado, meu marido e eu chegamos à conclusão de que até os mapas mais detalhados nos deixavam tremendamente confusos. Desesperados e perdidos, decidimos seguir um ônibus de excursão. Sabe o que aconteceu? Ele nos levou exatamente para onde queríamos ir.

Cindy Marcus, Califórnia

CALOTA PROBLEMA Na última vez em que estivemos na Inglaterra, encontrei um norte-americano na agência de aluguel de carros. Ele tinha acabado de devolver seu carro e estava muito aborrecido por ter de pagar por uma calota que havia sido perdida. Ele nos contou que, tendo de dirigir em estradas estreitas, com a direção do outro lado e ainda tendo de ficar do lado esquerdo da estrada, não dava para dizer exatamente para onde estava indo a roda da frente. Como resultado, ele raspou o carro várias vezes no meio-fio e acabou perdendo uma calota. Mais tarde, naquela mesma viagem, quando visitávamos A Muralha de Adriano, reparei que nos muitos carros ali estacionados faltavam calotas. Fiquei contente por ter guardado a calota esquerda frontal no porta-malas do carro.

Bernard Hershkowitz, Nova York

COMO UMA ESTRELA Se quiser receber um tratamento digno de um astro de *rock* em Nova York, contrate um dos motoristas das muitas limusines que ficam estacionadas na saída de clubes e bares no SoHo e no distrito de Meatpacking. Diga-lhes que gostaria de fazer um *tour* de uma hora pela cidade antes de voltar para seu hotel. Estávamos em cinco e fizemos isso recentemente. Cada um de nós pagou 25 dólares pelo tratamento especial. Foi uma maneira maravilhosa de ver a cidade depois do escurecer.

Jules R. Cattie III, Nova Jersey

OPORTUNIDADE NA INTERNET Ao chegarmos ao aeroporto de Heathrow, em Londres, tentamos alugar um carro sem fazer reserva, mas a empresa Enterprise nos disse que não havia nenhum disponível. Então, fomos ao balcão ao lado, da Avis, e recebemos uma proposta de 381 dólares por três dias de aluguel. Achamos uma *lan house* no próprio aeroporto e reservamos um carro da Enterprise por 30 dólares por dia, ou seja, uma economia de 300%! Quando voltamos ao balcão da Enterprise, havia um carro esperando por nós.

Mirvet Sidhom, Quebec, Canadá

CAIXAS NOTA MIL Costumo levar meus netos para uma viagem de carro no verão em que cada um deles completa 12 anos de idade. A viagem dura de duas semanas a um mês e exige muito cuidado na hora da arrumação das malas. Tenho uma ótima dica: Colocamos nossas roupas e todos os itens necessários em uma grande caixa de plástico no porta-malas de nossa minivan. Cada um de nós leva uma sacola pequena e, no final da tarde, coloca ali dentro o que for necessário para a noite e o dia seguinte. Desse jeito, ninguém fica carregando malas pesadas para dentro e para fora de hotéis.

Patsy Maddox, Virginia

DICAS PARA UM DIA DE CHUVA Sempre que alugo um carro levo comigo um rolo de papel-toalha, além de um produto para limpar vidros e outro que repele gotas de chuva. Já é muito difícil dirigir um carro desconhecido em um local mais desconhecido ainda. Pelo menos com um para-brisa limpo consigo enxergar melhor, não importando as condições do tempo.

Ed Rainer, Nova Jersey

O SEGURO COBRE? Aconteceu com dois dos últimos três carros que alugamos. A agência local exigiu documentos além do cartão de seguro normal emitido pela seguradora. Em San Juan, perdemos meia hora enquanto o agente fazia telefonemas para verificar se nosso seguro era válido em Puerto Rico. Em Miami, se não tivéssemos providenciado as provas de que nosso seguro cobria carros alugados, poderiam nos ter cobrado uma taxa extra diária para o caso de haver alguma colisão. Felizmente, já sabíamos disso e tínhamos providenciado uma cópia de nossa apólice. Nosso cartão de crédito incluía seguro de carros alugados, mas a prova dessa cobertura também foi exigida.

Carole Goodyear, Flórida

OLHO NO TANQUE Sempre tiro uma fotografia digital do marcador de gasolina para provar que devolvi o carro alugado com o tanque cheio. Algumas agências tentam encher um pouco mais e cobrar a diferença. Já usei essas fotos digitais para ser reembolsado por cobranças de gasolina que apareceram no meu cartão de crédito após o fato.

Jeff Mishur, Illinois

ESTACIONAMENTO ESPERTO Antes de usar automaticamente o estacionamento de seu hotel, verifique se há alguma garagem nas proximidades que tenha um preço melhor. Em uma viagem recente, consegui deixar o carro em uma garagem em frente ao hotel por 10 dólares por dia. O estacionamento do hotel cobrava 27 dólares pelo mesmo período.

Charles LaFleur, Califórnia

CÂMERAS A POSTOS Quando viajamos pela Europa, meu marido e eu gostamos de usar transporte público. Como resultado, estamos sempre estudando itinerários afixados nos muros de estações de trem, tentando ler roteiros colados em pontos de ônibus ou tentando entender mapas gigantescos. Em nossa mais recente viagem, meu marido tirou fotos digitais de tudo isso. Desse jeito, pudemos levar todos os roteiros conosco, ampliando-os quando necessário com o *zoom* da câmera.

Anne Supsic, Maryland

MARQUE O QUE INTERESSA

Dou preferência a mapas laminados com acabamento brilhante porque posso fazer círculos em volta de tudo o que quero ver em determinado dia usando um marcador preto que pode ser apagado. Assim que tudo está marcado, planejo meu roteiro e começo a andar. No dia seguinte, apago as marcas do dia anterior e começo tudo de novo.

Sandy Hughes, Georgia

TROCO CERTO Leve sempre dinheiro trocado para quando for usar transporte público. Em Veneza, ficamos muito aborrecidos quando o cobrador de um vaporetto (aqueles táxis que atravessam a água) se recusou a nos dar nosso troco. Mais tarde, fiquei sabendo que naquela área é comum os cobradores não prometerem devolver o troco quando a pessoa não tem a quantia exata em mãos para pagá-los.

Dana Hunting, Washington

NO EGITO, COMO OS EGÍPCIOS No Cairo, as tarifas de táxi são mais altas se você sair direto de seu hotel. A fim de economizar seu dinheiro, ande até a avenida mais próxima. Nunca concorde em pagar mais de 10 libras (menos de 2 dólares) para uma corrida dentro da área central. Viagens até as pirâmides em Gizé ou para o mercado Khan el-Khalili custam um pouco mais.

Daniel Zeytoonian, Carolina do Norte

ENGATE UMA CONVERSA Se estiver visitando um país cuja língua não fala, apanhe uma caixa de fósforos ou mesmo um cartão de visitas do hotel onde estiver hospedado. Esses itens costumam ter o nome e o endereço completo do estabelecimento. Então, quando quiser voltar ao hotel depois de um dia de passeio, é só mostrar o cartão ou a caixa de fósforos ao motorista de táxi, caso ele não fale a sua língua.

Verne F. Noyes, Maryland

TARIFA INJUSTA? Antes de tomar um táxi em um país estrangeiro (ou mesmo em uma cidade onde você não mora), pergunte a um morador local (talvez entrando em uma loja e perguntando a algum vendedor ou vendedora) quanto seria mais ou menos o valor de uma corrida para determinado local. Esse pessoal sempre me ajudou com muita gentileza. Desse modo, não pago tarifas absurdas que às vezes são impostas aos turistas em geral.

Carol P. McCrea, Oregon

CELULAR MIL E UMA UTILIDADES Diga-me que não sou o único. Quase todas as vezes em que estaciono meu carro no aeroporto, tenho o maior problema em localizá-lo na volta. (Um dia, cheguei a dar queixa de roubo depois de uma procura de horas, até descobrir que estava no estacionamento errado!) Agora, deixo uma mensagem para mim mesmo no meu telefone celular, dizendo onde foi que o estacionei.

Perry Babel, Colorado

GRANDES ECONOMIAS Vai viajar para a China via Hong Kong? Em vez de usar o aeroporto internacional de Hong Kong, pense na possibilidade de partir de Guangzhou ou Shenzhen. Poderá economizar desse jeito de 40% a 60% na tarifa aérea, mais que o suficiente para pagar pelo transporte de balsa entre Hong Kong e Shenzhen (mais ou menos 26 dólares) ou – um pouco menos divertido – pelo trem expresso que sai da estação Hung Hom, de Hong Kong, até Guangzhou (mais ou menos 30 dólares). Há um ônibus gratuito que vai do terminal da balsa até o aeroporto de Shenzhen, mas terá de tomar um táxi para o aeroporto de Guangzhou Baiyun quando sair da estação de trem de Guangzhou Dong.

George Lindamood, Washington

GRANDES IDEIAS Meu marido e eu sempre viajamos pela Europa de trem. Quando chegamos a qualquer cidade, paramos na bilheteria da estação e obtemos todas as informações de que precisamos para aquela etapa da viagem. Isso nos dá tempo de sobra para encontrarmos algum funcionário que fale nossa língua e que possa imprimir em um papel nossos horários de partida e números de plataformas. Antes de deixar a estação, podemos anotar a localização da plataforma que estaremos procurando no dia seguinte. Um movimento errado quando estiver correndo para pegar um trem e poderá ir para a cidade errada!

Betty Lynn, Kansas

DELÍCIAS NA ÁGUA Uma balsa percorre toda a Intracoastal Waterway no Forte Lauderdale. Você poderá utilizá-la quantas vezes quiser por 10 dólares ao dia e as paradas lhe dão excelentes acessos a muitos hotéis, lojas e restaurantes. Acesse watertaxi.com/ftlaud.

Erna Mattiace, Pensilvânia

ESTRADAS ESTREITAS Tome muito cuidado ao dirigir pelas estradas da Irlanda. Procure seguir o conselho dos moradores locais e manter-se sempre à esquerda. As estradas são estreitas e, além disso, há muitos declives nos acostamentos. Quando dois carros vindo de direções opostas se encontram, você fica de cabelos em pé. Se tiver o grande azar de cruzar com um ônibus em uma passagem mais estreita, terá de dar marcha a ré até que o veículo maior consiga passar.

Geanie Roake, Utah

ÔNIBUS NOTA DEZ Para viajar entre Santiago e outras partes do Chile, pense na possibilidade de usar um Tur-Bus (turbus.com). Na categoria "salón cama", os assentos se reclinam totalmente e há vários filmes disponíveis na língua espanhola. Uma passagem para uma viagem de Santiago à cidade de Puerto Montt, que dura uma noite, custa a partir de 40 dólares, ou seja, muito mais barato que uma passagem de avião ou uma noite em um hotel.

Susan Mead, Oregon

MOSTRE O CAMINHO Achar qualquer coisa ou lugar em Tóquio é muito difícil se você não fala japonês, então aí vai a minha dica: compre cartões-postais dos lugares que queira visitar; geralmente há uma descrição em inglês do local na parte de trás. Mostre o cartão ao motorista de táxi e ele o levará até lá.

Jim Dinsmore, Califórnia

ATALHO PARA AS BERMUDAS Nas Bermudas, um passe para turistas que custa 28 dólares dá direito a três dias de viagens ilimitadas de ônibus por toda a ilha. Isso inclui serviços para inúmeras praias e também para ilimitados passeios de balsa. (As balsas são ótimas para passeios nos portos internos.)

Carolyn e **Dave Holland**, Nova York

CARTÕES QUE VALEM A PENA A estatal Transport for London vende seus bilhetes pelo site ticket-on-line.com e não cobra nada para enviá-los pelo correio antes da sua partida. Esses bilhetes são ótimos para viagens ilimitadas de três a sete dias usando metrô, trem e ônibus. Muitos lugares turísticos estão localizados nas zonas um e dois; um cartão de sete dias para essas zonas custa apenas 41 dólares. Com cada viagem individual custando aproximadamente 5,50 dólares, o cartão se paga em menos de duas viagens ao dia.

Jeanette Langdell, Califórnia

UMA GRANDE PECHINCHA Antes de partir para o Japão com meu marido, descobri que, se comprássemos um Japan Rail Pass [bilhete para ferrovias japonesas] (disponível pelo site japanrailpass.net) ainda nos Estados Unidos, gastaríamos uma fração do valor que pagaríamos pelas passagens individuais no Japão. Já que o país é tão caro, essa economia foi um tremendo alívio para nosso bolso.

Pearle Herndon, Flórida

PASSES PERFEITOS Leia todas aquelas letrinhas miúdas impressas em seu bilhete ferroviário. Você poderá usá-lo para economizar em outros tipos de transporte público. Com um bilhete ferroviário da Escandinávia, por exemplo, você pagará menos para usar as balsas. Na Suíça, esses bilhetes podem lhe fornecer passagens de ônibus gratuitas, entradas para museus e descontos em funiculares e hotéis.

Jessica Lees, Pensilvânia

BICICLETAS A BORDO Decidimos levar nossas bicicletas em nosso último cruzeiro pelo Caribe. Como a cabine era muito apertada, os funcionários as colocaram em um galpão junto às cadeiras de rodas. Fomos os últimos a desembarcar quando chegamos às Bermudas, mas, depois de cinco minutos, havíamos deixado os outros passageiros para trás. E, em menos de quinze minutos, estávamos longe daquele porto cheio de gente, aproveitando as maravilhas de uma linda praia deserta.

Wayne Matchett, Virgínia

O HOMEM DA VAN Quando faço um cruzeiro com a família da minha mulher e paramos por um dia em uma cidade que não conhecemos, costumo deixar o navio imediatamente e chamo um táxi. Peço ao motorista para usar seus contatos a fim de conseguir uma van cujo motorista fale a nossa língua. Daí negocio uma taxa por hora e um horário para que ele nos apanhe no porto. A família faz um passeio de algumas horas, então, cada casal desce em algum lugar que queira conhecer melhor ou volta para o navio (isso é ótimo para os meus sogros, que já são idosos). Desse modo, temos um *city tour* feito para nós sob medida, por um preço muito mais baixo do que se tivéssemos contratado o serviço ainda a bordo.

Stuart Hanzman, Georgia

AUTORIDADE EM TRANSPORTE Para informações claras a respeito de viagens aéreas ou marítimas, visite o site seat61.com. Encontrei ali diversos conselhos úteis para viagens a África, Ásia, Europa e Oriente Médio.

Kay Bozich Owens, Carolina do Norte

CAPÍTULO 7

COMO GASTAR SEU DINHEIRO COM SABEDORIA

COMPRAS E ALIMENTAÇÃO

ZIPLOC GIGANTE A Ziploc fabrica hoje sacolas extra-grandes com alças. Medem aproximadamente 50x50 centímetros e, embora sejam anunciadas como próprias para compras, também são muito úteis em viagens. Leve uma em sua bagagem e use-a para trazer o que comprou.

Meredith McCulloch, Massachusetts

PELO CORREIO Muitas vezes, mandar uma caixa pelo correio custa um valor fixo, não importa quanto pese ou para onde esteja indo. Depois de fazer muitas compras em uma viagem a Atlanta e perceber que elas não caberiam na mala, enchi uma caixa de roupa usada, lembrancinhas e presentes para meus netos e a despachei para o meu endereço.

Eleanor Waterhouse, Havaí

CARTÕES-POSTAIS VELHOS Se estiver cansado daqueles mesmos cartões-postais encontrados em lojas para turistas, tente encontrar alguma coisa diferente em uma loja de antiguidades. Você pode conseguir algumas ótimas aquisições para incrementar seu álbum de fotografias, já que mostram o local em questão como ele era antes de o progresso chegar.

Christian Galloway, Virginia

AJUDA NA PECHINCHA Pense na possibilidade de pedir ao motorista ou ao guia de sua excursão que o leve para feiras e bazares onde ele possa pechinchar em seu lugar (mas não permita que ele o leve para lugares onde ele tenha ligações com os donos). Os preços para turistas em geral costumam ser mais altos e você vai fazer uma boa economia, apesar da gorjeta que lhe der.

Rami Aboumahadi, Flórida

FAÇA UMA PESQUISA Se você quiser fazer compras em um país onde pechinchar é uma prática comum, use o tempo em que estiver esperando pela entrega de sua bagagem para dar uma olhada nas lojas do aeroporto. Anote os itens que lhe interessar e seus respectivos preços. Se encontrar um item similar enquanto estiver passeando pelo país, já saberá o que dizer na hora da pechincha. Se não encontrar nada a um preço melhor, poderá sempre voltar àquela loja do aeroporto e efetuar a compra enquanto estiver aguardando seu voo de volta para casa.

Deborah Seter, Flórida

COMPRAS & VINHOS Dê uma olhada nos empórios europeus quando estiver à procura de vinhos a bons preços. Em nossa última viagem à Itália, encontrei um Banfi Brunello safra 1993 em um pequeno mercado por 16 dólares. Caso conseguisse encontrar uma garrafa do mesmo vinho onde costumo fazer minhas compras, o preço não seria inferior a 100 dólares. Só me arrependo de não ter dado ouvidos ao meu marido e comprado as três garrafas que eles tinham no estoque.

Stacy Shaw, Illinois

A MULHER DO TECIDO Em uma viagem para Nice, na França, eu me apaixonei por um lindo conjunto de toalha de mesa e guardanapos da Provença, mas ele era muito caro. Então procurei no meu dicionário o correspondente à palavra tecido (tissu) e usei a lista telefônica para localizar as lojas da região. Voltei para casa com muitos metros de um lindo tecido e eu mesma confeccionei a toalha de mesa e os guardanapos.

Laurel Swan, Connecticut

PRESENTES DO SUPERMERCADO Fáceis de serem embalados, alimentos típicos do local onde estiver podem se transformar em excelentes presentes para seus parentes e amigos quando voltar para casa. Em um grande supermercado em Kihei, Maui, encontramos uma grande variedade de macadâmias cobertas com chocolate e grãos de café em elegantes caixas de presente a um custo bem inferior ao de uma loja de presentes. Os empórios europeus estão repletos de ótimas ideias para presentes: Chás ingleses, mostarda e vinagres franceses e azeites italianos são apenas exemplos. Mas não se esqueça de que carnes e outros produtos perecíveis não costumam passar pela alfândega.

Jennifer Beach, Virginia

MODA LOCAL Quando meu marido e eu vamos para lugares como Índia ou Tailândia, colocamos na mala apenas uma muda de roupa. Assim que chegamos, vamos a um mercado local e compramos vários artigos típicos da região como saias de lã, sáris, sarongues etc. Isso não só facilita a arrumação de nossa bagagem, como também nos permite uma experiência cultural melhor. Além disso, quando voltamos para casa, temos várias coisas interessantes para usar!

Alice Fraser, Washington

NÃO SE CONFUNDA COM AS TAXAS Se viajar para o Canadá, não vá logo apanhando aqueles envelopes de devolução de taxas encontrados por toda a parte nos aeroportos canadenses. Os envelopes parecem oficiais, mas, na verdade, pertencem a companhias que processam o pedido e embolsam cerca de 15% ou mais do valor. Em vez disso, visite o site da agência de devolução do Canadá (cra-arc.gc.ca), faça um download da Solicitação para a Devolução da Taxa do Visitante e então preencha a requisição você mesmo. O cheque vai chegar em poucas semanas. Lembre-se apenas de ter o recibo carimbado pela Agência de Serviços de Fronteira do Canadá no aeroporto.

Tony Reynolds, Virginia

NÚMEROS CERTOS Se estiver pensando em fazer muitas compras em um país estrangeiro, leve sempre consigo uma calculadora. Quando encontrar alguma coisa que seja de seu interesse, estenda a calculadora ao vendedor e peça a ele que lhe dê seu melhor preço. É fácil converter a quantia para sua própria moeda, de modo que saberá o quanto está gastando. Se necessário, a calculadora o ajudará a pechinchar, principalmente se você não falar a língua do país.

Becky Sapp, Virginia

ECONOMIZE SEU DINHEIRINHO Quando passeávamos pelo mercado noturno de Taipei, ficamos surpresos ao encontrar algo equivalente a uma loja de "itens por 99 centavos". Estava repleta de presentes curiosos para crianças e até para nossos amigos mais bem-humorados. Compramos excelentes utensílios para a cozinha que teriam custado mais de 10 dólares cada se estivéssemos em nosso país.

Mark Yim, Califórnia

OS ÚLTIMOS, PELO PREÇO MÍNIMO Gostamos muito de comprar lembrancinhas em nossos cruzeiros, por isso escolhemos sempre um navio que esteja completando seu curso de viagem: é nesse momento que toda a mercadoria é colocada em liquidação. No ano passado, por exemplo, durante uma viagem pela América do Sul, todas as camisetas, óculos de sol e capas de chuva estavam com um desconto de 75%.

Carol Callahan, Virginia

K- MARAVILHOSO Quando estiver procurando por bebidas alcoólicas em alguma ilha do Caribe, pergunte se há alguma loja Kmart nas proximidades. Geralmente esse tipo de comércio fica em um local próximo às docas onde os navios atracam e possuem uma grande variedade de bebidas a preços muito mais baixos do que os encontrados nas lojas das ruas principais. Enquanto estiver ali, aproveite também para comprar pilhas novas ou o protetor solar que esqueceu.

Andrea Mansfield, Nova Jersey

ATAQUE AOS SALGADINHOS Assim que sair do aeroporto de Kahului, em Maui, você vai passar por um supermercado Kmart e outro Wal-mart. Pare em um dos dois e faça um estoque de salgadinhos, refrigerantes, cerveja, vinhos etc. a fim de levar para o seu hotel. Fizemos isso e pudemos ficar felizes da vida tomando sol à beira da piscina sem ter de pagar os preços absurdos ali cobrados.

Aaron Thompson, Maryland

NO CARDÁPIO Desde que voltei de minha primeira viagem à Europa, no ano de 1963, venho colecionando cardápios de todos os restaurantes dos quais gostei. Guardei-os em uma caixa. Em 1988, voltei à Europa e segui também para o Oriente Médio. Novamente, apanhei mais alguns cardápios. Desta vez eu os emoldurei, e hoje eles estão na parede da minha cozinha. Desde então, minha coleção só tem aumentado. É engraçado olhar para os preços antigos e lembrar os bons tempos. Além disso, rendem uma boa conversa quando dou uma festa em casa.

Jerri Moore, Georgia

PORÇÃO ÚNICA Se estiver viajando sozinho(a) e quiser companhia para o jantar, procure um *sushi bar* de um restaurante japonês. É uma maneira excelente para encontrar os moradores da cidade. Além disso, você recebe atenção extra, além de uma recomendação especial do *chef*.

Marcie Rubenstein, Quebec, Canadá

CHINESES NOTA DEZ Na América do Norte, nas cidades em que se concentram grandes comunidades chinesas, escolha um restaurante dirigido por chineses e peça para ver o cardápio familiar, geralmente escrito em chinês. São muito mais autênticos que os oferecidos aos turistas em estabelecimentos dirigidos por ocidentais, sem mencionar, é claro, o valor cobrado, que é muito inferior. Em San Francisco, por exemplo, você poderá desfrutar de uma refeição de cinco pratos que serve facilmente quatro pessoas por 20 dólares.

Winston Wong, Califórnia

CARDÁPIOS AMBULANTE

Costumo levar cardápios bilíngues em minhas viagens para países como China, Coreia e Vietnã. Quando estou em um restaurante que não dispõe de cardápio (ou algum que eu não consiga ler), entrego o meu ao garçon, de modo que ele aponte o que pode preparar. Não me esqueço de levar vários cardápios a mais, já que os restaurantes geralmente pedem para ficar com uma cópia.

Charles Locher, Califórnia

FÁCIL COMO TIRAR DOCE DE CRIANÇA Alimentar uma família de quatro pessoas em paraísos tropicais como Anguilla ou Bermuda (ou qualquer outro lugar no Caribe, na verdade) pesa muito no bolso. Veja se o hotel onde está hospedado possui uma lista telefônica e procure pelas pizzarias da vizinhança. Nove entre dez disque-*pizzas* costumam fazer a entrega sem custo algum. Você não vai gastar mais de 20 dólares em uma *pizza*, salgadinhos e refrigerantes.

Bianca Mims, Texas

COMIDA BARATA Visitando o site restaurant.com, você poderá comprar vales-presente que podem ser usados em restaurantes e lanchonetes do lugar para onde vai. Geralmente, vales de 25 dólares podem ser comprados por 5 a 8 dólares. O site é uma maravilha e também oferece descontos em restaurantes de sua própria cidade em compras de presentes para seus amigos.

Derrick Tennant, Georgia

ENGORDE SEU PORQUINHO Descobrimos recentemente que os proprietários de pequenos hotéis na Itália permitem que seus hóspedes levem a própria bebida para as refeições. Durante uma viagem com amigos a Pescasseroli nas lindas montanhas Abruzzi, passamos um agradável fim de semana no hotel Valle dell'Oro. O preço incluía o quarto e todas as refeições, menos bebidas alcoólicas. Já que éramos seis pessoas, levamos nossas próprias garrafas de vinho e economizamos bastante.

Maria Pipolo Eberlin, Nápoles, Itália

TRABALHO & COMIDA Já encontrei cardápios muito maltraduzidos (e até engraçados) durante minhas viagens pelo exterior. Sabe o que eu fiz? Ofereci-me para corrigir a tradução em troca de um almoço ou jantar. Isso funcionou algumas vezes.

William Boyle, Washington, D.C.

COMIDA INTELIGENTE Quando viajamos pelo Japão com nossos seis filhos em um verão, minha mulher e eu descobrimos uma ótima maneira de cortar as despesas com almoços e jantares. Quase todas as lojas de departamento do país oferecem uma grande variedade de refeições semiprontas que os japoneses costumam comprar a fim de levar para casa. A comida era maravilhosa, nossos filhos puderam escolher o que mais lhes apetecia e nossa experiência foi tipicamente japonesa. Esse tipo de empório, que geralmente se situa nos andares inferiores, não deve ser confundido com os restaurantes caríssimos que quase todas as lojas de departamento têm em suas coberturas.

Ralph Ellsworth, Califórnia

BALCÕES QUEBRA-GALHO Armazéns ou rotisserias que servem refeições ou sanduíches são uma alternativa aos restaurantes caros e lanchonetes *fast-food* para quem está viajando pelos Estados Unidos. Os produtos são sempre frescos, a variedade é grande e, economicamente falando, são um excelente quebra-galho. Recentemente, pude desfrutar de uma refeição completa em um desses locais, incluindo bebida, por apenas 3 dólares.

Teresa G. Barcus, Minnesotta

APENAS APONTE Vai para um lugar cuja língua não domina? Leve na mala um livrinho de fotos contendo exemplos dos alimentos mais comuns (carne, frango, arroz, água mineral, café, vinho etc.) e use-o para encontrar o alimento que quiser. É só apontar para a fotografia do que estiver pretendendo comer. Fizemos isso durante uma recente viagem à Ásia e todas as nossas refeições foram maravilhosas.

Mario Gonzalez, Texas

RAPSÓDIA NAS BAHAMAS Jantar em Paradise Island, nas Bahamas, é muito caro, principalmente nos restaurantes dos hotéis. Mas, se atravessar a ponte entre Paradise Island e New Provindence Island, irá encontrar várias barracas de comidas típicas preparadas pelos moradores locais. Nos Mackenzie, por exemplo, um jantar incluindo ostras empanadas, arroz, ervilhas e bananas fritas – um prato característico – sai por 8 dólares. A cerveja Kalik, por 3 dólares, é um ótimo acompanhamento. A ponte é um pouco íngreme, mas a vista do porto com tantos navios e barcos pesqueiros é simplesmente magnífica.

Dawn O. Leary, Illinois

APIMENTE! Se você pretende cozinhar em suas férias, leve consigo pequenas embalagens com todos os ingredientes de que precisar para as suas receitas favoritas. Você economizará ao não ter de comprar pacotes inteiros de cada produto.

Joan Phillips, Colorado

EM PÉ! Ao tomar o tradicional café da manhã composto de um *cappuccino* e um pão doce na Itália, você vai reparar que os italianos estão sempre de pé, no balcão, com a xícara nas mãos. Sabe por quê? Porque enquanto o custo desse café servido no balcão para duas pessoas é de cerca de 6 dólares, o mesmo desjejum servido em uma mesa a poucos metros do balcão custa cerca de 19 dólares.

Steve Szalewicz, Connecticut

EM UM INSTANTE Nunca se esqueça de levar um pote de nutela ou geleia em suas viagens. Um vidro de plástico é fácil de levar, não precisa de refrigeração, é uma grande fonte de energia e se torna uma refeição rápida e barata quando passada em algum tipo de pão que poderá ser comprado onde estiver. (Mas não se esqueça de levar uma faca de plástico para poder espalhá-la.)

Nancy Norman, Nova York

ONDE A MULTIDÃO SE ENCONTRA Se estiver procurando matar a fome enquanto caminha pelas ruas, seja em Nova York ou em Bangkok, não vá direto ao carrinho daquele vendedor solitário de rosto triste, que não tem cliente algum. Dirija-se àquele cuja fila de famintos à sua frente é maior. Os habitantes do local sabem escolher o melhor (e mais seguro) alimento. Mesmo que tenha de esperar, seu estômago e sua saúde irão lhe agradecer.

Bryan Thao Worra, Minnesotta

BEM DOBRADOS Uma empresa chamada Orikaso fabrica folhas de polipropileno coloridas e brilhantes para serem dobradas como uma espécie de *origami*, dando forma a pratos, vasilhas ou xícaras. Essas folhas são leves, podem ser utilizadas várias vezes e até ser dobradas sem nenhuma dificuldade, quando não estiverem em uso. Encontramos as nossas em uma boa casa de esportes, mas você também poderá comprá-las *on-line*. Visite o site orikaso.com e encontre o que lhe for mais conveniente.

Susan Day, Minnesotta

O QUE TEMOS NA PANELA? Levo sempre comigo cartões coloridos para anotar receitas de pratos interessantes que encontro durante minhas viagens. (Depois, chego até a colá-los em meu caderno de receitas). Aqui vai uma maravilhosa receita que levei para casa depois de passar uma tarde chuvosa ao lado de meu marido em um *pub* londrino: Cubra um *waffle* ainda quente com sorvete de creme, calda de caramelo e nozes partidas. É uma maravilha com uma xícara de chá.

Susan Mullens, Arizona

Capítulo 8

ANDANDO POR AÍ

VISITAS E PASSEIOS

PROGRAME-SE! Não guarde o melhor programa para o último dia de viagem. Se fizer isso, não poderá se reprogramar se um imprevisto acontecer. Planejei fazer um mergulho em meu último dia em San Diego, mas o mar estava muito bravo e meus planos tiveram de ser cancelados.

Melissa Coplak, Nova York

SINALIZE! Sempre tiro fotografias de placas nas estradas, nas entradas de parques e coisas do gênero. Essas fotos informais são colocadas em nosso álbum para ajudar a identificar os muitos locais que visitamos.

Betty L. Cox, Flórida

SER MEMBRO TEM SEUS PRIVILÉGIOS Se viajar para cidades grandes dos Estados Unidos que tenham museus, jardim zoológico ou jardim botânico, pense na possibilidade de tornar-se membro do local correspondente em sua cidade. Muitos deles disponibilizam privilégios recíprocos que podem ser usados em instituições por toda a parte. Por exemplo, ter um cartão de membro do Lincoln Park Zoo, de Chicago, lhe proporciona entrada no National Zoo, em Washington, D.C., e zoológicos em Los Angeles, Des Moines, e Jackson, Mississipi, sem custo algum.

Alice M. Solovy, Illinois

HOMENAGENS Se for a Praga com o intuito de visitar os memoriais do Holocausto judeu, lembre-se de que as sinagogas fecham mais cedo às sextas-feiras e mantêm-se fechadas nos sábados. Planeje para não ficar por ali apenas durante o fim de semana.

Joanne Steuer, Califórnia

PARIS DAS LUZES Quando for a Paris, não se esqueça de apanhar uma cópia da revista *Pariscope* em uma banca local. É um guia pequeno e barato que lhe fornece dicas excelentes a respeito de todos os eventos culturais que acontecerão naquela semana. Também há uma sessão na língua inglesa.

Mary Cheely, Illinois

PASSES IMPERDÍVEIS A cidade de Paris sempre oferece passes que todo turista deveria obter. A "Carte Orange" (a partir de 20 dólares) permite uso ilimitado do metrô por uma semana inteira (um negócio muito mais vantajoso que qualquer outro cartão desenvolvido para turistas). Apanhe sua "Carte Orange" nas bilheterias do metrô dizendo o seguinte: "*Une Carte Orange, hebdomadaire, s'il vous plaît*".

Jessica Lees, Pensilvânia

UM DIA MUSICAL Todas as quartas-feiras, ao meio-dia e meia, a mundialmente famosa orquestra de Amsterdã faz seus ensaios abertos ao público, sem custo algum (acesse o site concertgebouw.nl). Poder relaxar em uma casa de espetáculos com tanto valor histórico (foi construída em 1888) é uma maneira maravilhosa de fazer uma pausa durante seus passeios. Os moradores do local costumam chegar na fila por volta do meio-dia, mas pudemos conseguir bons lugares minutos antes de o espetáculo ter iniciado.

Janet Barton, Califórnia

PERGUNTE PRIMEIRO, DISPARE DEPOIS Não se pode tirar fotografias dentro da maior parte das tumbas no Vale dos Reis e no Vale das Rainhas, no Egito. Já vi seguranças confiscando rolos de filmes e cartões de memória de câmeras digitais (eles não permitem que você simplesmente apague as imagens). Como em qualquer outro lugar religioso ou histórico, é melhor perguntar antes de tirar sua câmera do bolso.

Samantha Reguieg, Califórnia

APROVEITE! O cartão See Sydney & Beyond Smartvist para três dias de uso (seesydneycard.com) lhe garante acesso a mais de 40 atrações em Sydney e nas Blue Mountains. Ele disponibiliza viagens ilimitadas em ônibus, trens e em todas as balsas, exceto a Manly JetCar. O cartão vale cada centavo.

Mandy Sutyak, Colorado

IDEIA COLOSSAL Mesmo fora da alta temporada, as filas para a compra de ingressos no Coliseu de Roma podem durar mais de uma hora. Em vez de esperar como todo mundo, nosso guia nos levou à bilheteria do Museu Palatino, a uns cinco minutos dali. (Via San Giorgio, 30.) Ele nos explicou que as entradas para o Palatino também servem para o Coliseu, pelos mesmos 15 dólares. Voltamos ao Coliseu, passamos por uma fila extremamente longa, apresentamos nossos tíquetes e entramos imediatamente.

Gary Minjock, Ohio

MARAVILHAS FRANCESAS Compre o *passé* para museus em Paris (parismuseumpass.fr) nos museus participantes antes de ir a lugares conhecidos e populares como o Louvre ou Versailles. Você terá um dia de acesso ilimitado a mais de 60 atrações em Paris e em seus arredores, além de escapar de longas filas na entrada. O custo é de 38 dólares para dois dias.

Mike McDole, Illinois

ATRAÇÃO ANIMAL Se estiver pensando em passar mais de cinco dias em Kruger ou em qualquer outro dos dezenove parques nacionais na África do Sul, vai poder economizar bastante ao adquirir um Wild Card (sanparks.org). Ele custa 119 dólares para uma pessoa e 199 dólares para duas, e oferece acesso ilimitado aos parques durante um ano inteiro. As entradas normais em Kruger, por dia, custam 17 dólares por pessoa.

Glen Kirkpatrick, Oregon

CANADÁ FENOMENAL Quando viajar para o Canadá, não deixe de procurar pelo Montreal Museum Pass, que permite acesso ao sistema viário da cidade inteira e entrada para as atrações mais populares de Montreal por três dias consecutivos. O passe custa 39 dólares e pode ser adquirido nas próprias atrações e museus participantes, bem como nas três agências de informações aos turistas, nos seguintes endereços: 174 Notre-Dame St. East, 1255 Peel St. Suite 100 e 576 Ste-Catherine East.

David R. Cohen, Flórida

DESCONTOS QUE VALEM A PENA Se estiver em Sydney, dê uma folga à sua carteira e, em vez de ir à ópera, assista a uma peça no Instituto Nacional de Arte Dramática (nida.edu.au). Por 21 dólares você poderá assistir ao aprimoramento dos estudos dramáticos de futuras Nicole Kidmans e futuros Russell Crowes na melhor escola de teatro do país.

Colleen Haskell, Califórnia

CINEMA PARADISO Aos sábados, o Los Angeles Conservancy (laconservancy.org) organiza passeios a 10 dólares pelos velhos cinemas da cidade. Visite o local onde *Luzes da cidade,* de Charles Chaplin, fez sua estreia, o Teatro Orfeu e muitos outros lugares incrivelmente bem preservados na Broadway. Há um mapa no website para que você possa se guiar.

Susan Matheson, Califórnia

ÔNIBUS SUPERSTAR Muitos hotéis de Cancun comercializam passeios de um dia para locais arqueológicos como Chichén Itzá e Tulúm. Em vez de gastar seu dinheiro inadvertidamente, pegue um ônibus local (por 60 centavos) até a estação do centro da cidade e compre uma passagem para o mesmo destino por um quarto do valor oferecido pelos operadores de turismo do hotel. Esses ônibus dispõem de ar-condicionado e permitem a você explorar o local ao seu próprio ritmo. É possível até chegar antes da multidão de turistas, durante a parte mais amena do dia.

Lolly Pineda, Califórnia

SEM PÔR A MÃO NO BOLSO Descobri um website excelente quando minha família e eu estávamos morando em Londres: freelondonlistings.co.uk. Ele traz uma enorme relação de eventos e atrações pela cidade que você pode frequentar de graça (ou quase).

Peggy Bennett, Connecticut

GRANDE DIÁRIO Antes de seguirmos para Londres, criei um blog e inseri várias páginas em branco com os títulos: "novos alimentos que provei", "os melhores doces", "palavras que aprendi" e "o museu mais/menos interessante" etc. Minha filha, que poderia ter se entediado com tantas páginas em branco, me proporcionou uma agradável surpresa ao preencher tudo com detalhes.

Mary Cronin, Massachusetts

GRANDE ECONOMIA Em vez de pagar por uma excursão pelo French Quarter de New Orleans, faça um passeio gratuito oferecido pelo National Park Service. O passeio de aproximadamente 500 metros começa no NPS Visitor Center às 9:30 da manhã todos os dias. Procure chegar cedo, porque o passeio é limitado a apenas 25 pessoas.

Kirk Miller, Texas

MANHATTAN URGENTE Todas as quintas e sábados ao meio-dia, a Downtown Alliance (downtownny.com) oferece passeios a pé durante noventa minutos pelo centro de Nova York, incluindo locais como a Alfândega Americana e a Bolsa de Valores de Nova York.

Bill Wang, Califórnia

FRANÇA ETERNA Se quiser assistir a um show em Paris (no Moulin Rouge, por exemplo), pense na possibilidade de fazer a reserva por meio de uma companhia de passeios de ônibus como a Cityrama ou France Tourisme. Você vai receber descontos nos ingressos, no transporte até o espetáculo e um passeio adicional no final da noite (um cruzeiro pelo rio Sena, por exemplo). Nós pagamos 90 dólares por pessoa pela noite inteira de diversão contra 122 dólares apenas para os ingressos.

Lori Swerda, Maryland

IRLANDA ANTIGA Os ingressos para muitos locais históricos na Irlanda podem ser muito caros. Então, compre um Heritage Card, que lhe permite entrada ilimitada por um ano em mais de 70 locais históricos por todo o país (incluindo os castelos de Dublin e Kilkenny). O cartão custa 26 dólares para adultos, 21 dólares para idosos, 10 dólares para estudantes e crianças e 69 dólares para famílias. Compre o cartão no próprio local ou pelo site heritageireland.ie.

Nuala Barner, Massachusetts

PARA APRECIAR ARTE Quer visitar um museu com seus filhos sem ataques de fúria e lágrimas por parte dos pequenos? Vá à loja de presentes do próprio museu e compre cartões-postais das principais obras ali expostas. Então, estimule as crianças a iniciarem uma verdadeira caça a esses tesouros. Quando voltar para casa, os cartões-postais podem ir direto para o seu álbum de viagem.

Daphna Woolfe, Califórnia

ECONOMIA GARANTIDA Procurando por descontos na Broadway, em Nova York, em Las Vegas, Orlando ou até Londres? Em vez de comprar seus ingressos nas bilheterias dos teatros e parques, onde você pode passar horas na fila, visite o site broadwaybox.com. Esse site lhe disponibiliza códigos de desconto de até 50% sobre os preços oficiais. Consegui ingressos a 55 dólares para o espetáculo Rent (que geralmente custam 95 dólares cada) e os lugares ficavam perto da orquestra.

Grace Bulaman, Califórnia

VISTA DE LONGO ALCANCE Para não ficar parecendo boba olhando para cima e atrapalhando outros pedestres quando saio para conhecer e apreciar o visual de cidades como Nova York, levo comigo um pequeno e prático par de binóculos. Quando avisto um edifício interessante, deixo o vaivém da multidão da calçada, recosto em uma parede e aprecio os detalhes da arquitetura.

Virginia Hendley, Novo México

MÉXICO ETERNO Chegando ao México, visite o site mexicodesconocido.com/english e obtenha informações que vão desde a época de antes de seu descobrimento até sugestões de itinerários para seus passeios diários. Criado para divulgar a história, a cultura e a riqueza natural do país, o site apresenta pacotes divididos por interesses, regiões e temas. Você pode contratar os serviços oferecidos pelos parceiros do site ou utilizar as informações para criar seu próprio itinerário.

Carlos J. Martínez, Texas

UM PASSEIO BONITO Em Hong Kong, dê uma paradinha no balcão de atendimento ao turista logo na entrada do aeroporto. Ali, você poderá adquirir passagens gratuitas para cruzeiros pela selva chinesa às quintas-feiras e aos sábados, partindo do porto público de Kowloon. O espaço é limitado e os assentos são logo preenchidos, de modo que é melhor reservar seu lugar pessoalmente (e lembre-se de levar seu passaporte) assim que chegar a Hong Kong!

Melody Ryan, Kentucky

BICICLETAS PARA SEU TURISMO Um passeio de bicicleta possibilitará a você conhecer muito mais lugares do que se estivesse andando a pé. Em Buenos Aires, por exemplo, a Lan & Kramer Bike Tours (biketours.com.ar) disponibiliza alguns passeios com guias muito divertidos para todas as idades e habilidades.

Meda Florin, Califórnia

PENSAMENTOS QUE VOAM (SOBRE DUAS RODAS) Nós viajamos muito, mas achamos que os passeios de bicicleta com guias oferecidos por empresas como a Backroads são muito caros. Nossa dica: após conhecer a cidade, vá a uma loja de bicicletas e informe-se a respeito das melhores rotas. Melhor ainda, telefone ou envie um e-mail antes de sair de casa (dê uma olhada na internet). Desse modo, encontramos grupos de passeios e corridas e fizemos vários amigos. Era como se fôssemos moradores da cidade!

Glenn e **Michelle Schultes**, Alaska

CORRER, CORRER Quando viajo para uma cidade que não conheço, faço contato com o clube de corrida local e vejo se há algum evento marcado para o período de minha estada. A taxa de inscrição geralmente é doada para caridade e, além de fazer um bom exercício, conheço os moradores da cidade, que talvez jamais conhecesse de outra maneira.

Kelly Christiansen, Flórida

SUBA... E ECONOMIZE Quando esquiar em Summit County, no Colorado, compre seus *lift tickets* [bilhetes para os teleféricos] em Denver em vez de fazê-lo diretamente na estação. Tíquetes com descontos para Breckenridge, Keystone, Arapahoe Basin, Copper Mountain e outros locais são vendidos em mercados e lojas de esportes. Nós gostamos muito da Colorado Ski Golf e da King Soopers.

Wendy Kunze, Michigan

CHAVEIROS MUITO ÚTEIS Esquiar na primavera geralmente significa grandes e bruscas mudanças de temperatura desde a manhã até a tarde. Se quiser remover camadas de roupas ou trocar sua jaqueta pesada por uma mais leve lá pelo meio-dia, prenda seus *lift tickets* à sua roupa com um chaveiro. Desse jeito, poderá mudar o tíquete de lugar conforme o tempo for esquentando.

Don Harbold, Michigan

MERGULHO LIVRE Mergulhadores que tomam medicação devem levar consigo uma declaração médica, confirmando sua boa condição física. Durante uma recente viagem à Jamaica, respondi sinceramente a todas as perguntas de um longo questionário a respeito de minha saúde, incluindo o fato de que tinha problemas de pressão e colesterol altos, embora controlados por remédios. Fui informada de que não poderia mergulhar sem a autorização do médico local, embora eu faça exercícios com regularidade, esteja em boa forma física e não tenha outros problemas de saúde. Agora, levo sempre comigo uma declaração do meu médico atestando minha perfeita condição para o mergulho.

Ginny Ganthner, Nevada

MASSAGEM NOTA MIL Descobri uma maneira fantástica de conseguir massagens a um custo bem mais reduzido que o habitual. Algumas escolas especializadas oferecem esse serviço em ambientes que lembram um SPA. Faça uma pesquisa no Google e veja se há alguma escola desse tipo perto do local para onde está pensando em viajar.

Karen Gardiner, Virginia

VÁ DE BICICLETA Por um depósito de 20 kroner (mais ou menos 50 dólares), turistas que visitam Copenhagen, na Dinamarca, podem alugar uma bicicleta em um dos 110 bicicletários ao longo da cidade e explorar o local no ritmo que bem entenderem (bycyklen.dk). E o melhor: ao devolver a bicicleta a um desses postos seu depósito lhe será restituído.

Gunhild McKinney, Michigan

GOLFE A PREÇO DE BANANA Antes de chegar a Phoenix, visite o site arizonagolfer.com e obtenha descontos na taxa de utilização de campos de golfe. Já obtive descontos de até 80%.

Bev Marshall, Washington

HAVAÍ ETERNO Visite o site calendar.gohawaii.com e descubra o que está rolando no Havaí. Meu marido e eu nos juntamos a uma maravilhosa (e gratuita) excursão que contava até com um guia em Kauai da qual não teríamos tomado conhecimento se não tivéssemos visitado o site.

Gina Kelly, Colorado

CARTÕES-POSTAIS PERSONALIZADOS Crie seus próprios cartões-postais escrevendo na parte de trás das fotografias que tirar e enviando-as a seus parentes e amigos ainda durante sua viagem.

Connie Van Brocklin, Flórida

EXPOSIÇÃO DUPLA Sempre viajo com duas câmeras: uma digital SLR para a maioria de minhas fotografias e outra bem menor, para quando pedir a algum estranho que tire alguma foto minha. Por mais que confie nas outras pessoas, não me sinto confortável em entregar minha câmera de mais de mil dólares a alguém que não conheço.

Sam Antonio, Califórnia

ENTRANDO NO CLIMA Adoro viajar fora da alta temporada: os preços são superreduzidos e as filas também. O problema é o clima, que pode não ser muito favorável. Para combater esse pequeno inconveniente da mãe natureza, tenho um truque: tiro minhas fotos em preto e branco durante a viagem. Enquanto fotos coloridas de um dia feio rendem comentários cheios de pesar por parte dos amigos, fotos em branco e preto costumam emprestar uma aura mágica e mística à paisagem, permitindo que você faça um trabalho cheio de dramaticidade semelhantes ao de fotógrafos famosos como Ansel Adams.

Ed Danyo, Pensilvânia

ARROZ MIL E UMA UTILIDADES

Depois de ter sofrido uma queda em um riacho no Camboja, minha câmera digital parou de funcionar. Alguém sugeriu que eu a colocasse dentro de um saco de arroz durante uma noite inteira, para que a umidade desaparecesse. Na manhã do dia seguinte, ela estava seca e funcionando perfeitamente.

Roger Bailey, Califórnia

PERDA DE MEMÓRIA Quando não estiver tirando fotografias, mantenha o cartão de memória longe da câmera. É um método muito simples de ter certeza de que não terá nenhuma foto perdida, mesmo se sua câmera for roubada. Meu marido e eu aprendemos essa dura lição quando perdemos 250 fotos em Kauai.

Jamie Thomas, Washington

DIRETO AO VÍDEO Minha filha e eu compramos câmeras digitais descartáveis em uma farmácia da rede CVS (nos E.U.A.) antes de viajar para a Europa. Foi uma ótima maneira de documentar nossa viagem. Cada câmera registrou cerca de 20 minutos de vídeo. Assim que voltamos para casa, deixamos as câmeras na mesma farmácia e, no dia seguinte, nosso DVD estava pronto. Ficamos muito satisfeitas com a qualidade e com o custo: 30 dólares para a câmera e 13 dólares para cada DVD.

Maria B. Murad, Minnesota

TRUQUES ÚTEIS Por acaso você acidentalmente reformatou o cartão de memória de sua câmera? Desde que você não sobrecarregue o disco tirando mais fotos, aquelas originais ainda estão lá. Compre outro cartão para usar nesse meio-tempo e, assim que chegar em casa, compre um programa de recuperação de arquivos (aproximadamente 35 dólares) ou leve o cartão para uma loja especializada e veja se alguém pode ajudá-lo.

Julie Mancini, Flórida

DIAS ORGANIZADOS Muitos álbuns de fotografias de computador baseiam a organização das suas fotos pelas datas pré-informadas pelas câmeras utilizadas. Caso esteja viajando por uma zona que afete o dia em questão (por exemplo, se estiver chegando a um lugar onde já seja o dia seguinte), lembre-se de reajustar o relógio da câmera.

Michael Gray, Califórnia

FOTOS INCERTAS Coloque uma etiqueta com seu nome e endereço em sua câmera. Em uma final de torneio em Indianápolis, troquei minha máquina com outra idêntica de um turista para que pudéssemos tirar fotos um do outro com nossas respectivas câmeras. Mas depois não conseguimos saber qual máquina era de quem. Felizmente, eu me lembrei de quantas poses ainda restavam em meu rolo de filme e consegui identificar a minha. Da próxima vez, é só colocar uma etiqueta.

Matthew Richard, Nova York

PROTETOR TEMPORÁRIO Lentes de câmeras descartáveis costumam riscar como qualquer outra. Coloque um pedaço pequeno de fita-crepe (ou qualquer outra coisa do gênero que não grude muito) sobre a lente para protegê-la do contato com outros objetos em sua bolsa ou sacola de viagem.

Hugo Scherzberg, Califórnia

MANTENHA-OS SEPARADOS Não coloque seus óculos de sol com pontas magnéticas e seus cartões de crédito ou do hotel no mesmo bolso. Consegui a proeza de apagar meu cartão do metrô e do meu quarto de hotel em uma viagem recente.

Jim Tichenor, Virginia

SACOLA NOTA DEZ Sempre levo meu pequeno guarda--chuva em um saco Ziploc. Depois de usá-lo, volto a guardá-lo e penduro a sacola em meu ombro. Desse modo, não molho ninguém durante meu caminho.

Sandy Sussman, Nova Jersey

MOLHADO, MAS SECO Se estiver pensando em visitar um parque aquático, não se esqueça de levar alguns sacos Ziploc pequenos. Elas são ótimas para proteger seu telefone celular e sua carteira quando estiver se divertindo em atrações nas quais se espirra água para todo lado.

Jack Bell, Flórida

PASSEIO NO PARQUE Quando estiver em um parque temático, amarre um lenço colorido em seu carrinho antes de entrar em alguma atração. Na volta, poderá encontrá-lo sem demora em meio a centenas de outros iguais.

Katrina Shelton, Texas

EXPLORAÇÃO URBANA

Uma pequena bússola é uma grande aliada em suas viagens. Além dos evidentes benefícios durante seus passeios no campo ou nas montanhas, também é muito útil na localização de caminhos pelas ruas tortuosas da cidade e nas entradas e saídas do metrô.

William Schaeffer, Nova York

CAPÍTULO 9

CONEXÕES PESSOAIS

ESTABELECENDO CONTATOS E FAZENDO NOVOS AMIGOS

SOLUÇÃO FÁCIL Fazer telefonemas internacionais pode tornar-se uma tarefa complicada ao se usar um cartão de chamada ou ligar para um número baseando-se em palavras-chaves (0800-CALL-ATT, por exemplo). Evidentemente, muitos países não utilizam o mesmo alfabeto nas teclas do telefone. Minha solução? Crio minhas próprias teclas no computador, imprimo-as e então as coloco na carteira, no passaporte e em meus cartões de chamadas.

Peter Morris, Carolina do Norte

***BLOG* NOTA DEZ** Criando um *blog* para cada viagem (blogger.com, entre outros sites), você vai poder manter sua família e seus amigos bem-informados sobre suas aventuras. Só vai precisar de uma *lan house* para adicionar notícias e fotos enquanto estiver na estrada.

Alan A. Lew, Arizona

DELÍCIAS DE MARINHEIRO Bibliotecas públicas nos portos do Alaska podem ser uma verdadeira maravilha para se economizar. Quem quer pagar 5 dólares por minuto para usar a internet de um navio? Durante uma parada em um porto do Alaska em uma recente viagem que fizemos, achamos uma biblioteca que oferecia uso gratuito da internet por um período de quinze a trinta minutos. Nosso único custo foi uma pequena espera na fila.

Gail G. Jenkins, Idaho

ALEGRIAS DE TEXTO Se você tiver algum conhecimento em informática e um telefone celular que funcione no exterior, verifique com sua operadora os custos das mensagens de textos. Algumas operadoras oferecem mensagens sem custo algum e muitos provedores da internet (Yahoo, MSN etc.) também enviam mensagens de texto sem nenhum custo enquanto você estiver fora de seu país. Antes de sua viagem, inscreva-se e solicite que enviem informações sobre o clima e notícias em geral para seu número, todos os dias. Mesmo que não use seu celular para as caras ligações fora do país, você poderá receber informações superatualizadas em sua língua a respeito de sua cidade de origem ou dos lugares para onde pretende ir.

Brian Mosteller, Illinois

ENDEREÇO DO SUCESSO Antes de partir para uma viagem, imprimo os nomes e endereços das pessoas de minha família e de meus amigos em etiquetas de correio. (Todos os programas básicos de processamento de texto têm recursos para a confecção dessas etiquetas.) Então, levo a folha com as etiquetas para minha viagem. Como os endereços estão salvos no meu computador e as etiquetas são adesivas, endereçar cartões-postais se tornou uma tarefa muito simples.

Lisa Higgins, Illinois

CAFÉ SOCIETY Em lugares onde a maior parte da população não fala inglês, dirija-se a uma *lan house*. Sabemos, por experiência própria, que esses locais estão cheios de jovens muito simpáticos ansiosos para praticar o inglês.

Christine e **Duncan Orr**, Utah

CARTA PARA VOCÊ Durante minhas viagens, adoro mandar cartões-postais para meus amigos, e para mim também. Tento conseguir o cartão com a melhor foto possível do local que visitei e escrevo o que fiz lá como uma espécie de lembrete. Quando volto para casa, é só colá-lo no meu álbum, onde posso ver e ler o que escrevi.

Kimberly Morgan, Califórnia

ENDEREÇOS CERTOS Antes de partir para a Espanha, mandei para mim mesma um e-mail com todos os endereços de amigos e familiares para os quais gostaria de escrever enquanto estivesse fora. Em um cybercafé, pude simplesmente copiar e colar os endereços da lista para as novas mensagens.

Rita Young, Ontário, Canadá

TEMPO DE JOGAR

Meu marido e eu ficamos amigos de alguns moradores da Provença quando nos juntamos a eles em um jogo de *pétanque*, similar à bocha. Foi uma experiência absolutamente fantástica e hoje fazemos a mesma coisa todas as vezes que vamos viajar para o exterior. Já jogamos dominó na Espanha e bocha na Itália.

Lesa Porché, Califórnia

BRINQUEDOS PARA TODOS Antes de visitar um país pobre, costumo passar por uma loja de artigos populares onde compro brinquedos, bichinhos de pelúcia e uma mala ou sacola. Tento evitar coelhinhos de Páscoa ou bonecos de Papai Noel, que talvez sejam ofensivos em alguns países, e objetos caros, que possam causar constrangimento aos pais. O conteúdo dessa mala extra leva alegria a algumas crianças que nunca tiveram sequer um brinquedo.

Ingrid Newkirk, Virginia

CARTÕES PERSONALIZADOS Meu marido e eu criamos cartões pessoais (como se fossem cartões de visita) antes de sair de casa. Colocamos nosso nome, endereço, telefone, além de uma foto. Quantas pessoas retornam de uma viagem, olham para um pedaço de papel com um nome e endereço e perguntam: "Mas quem é essa pessoa?". A fotografia ajuda a ligar o nome à pessoa.

Susan Fornoff, Texas

BOA IDEIA Todos os anos recebo etiquetas de endereços de inúmeras organizações de caridade. Mantenho-as comigo quando viajo porque é a melhor maneira de fornecer meu endereço a novos amigos, participar de promoções em lojas, assinar livros de presença etc. Não é apenas algo eficiente. Isso também ajuda a divulgar o trabalho de caridade por todo o mundo.

Carole Wilk, Nova York

FELICIDADE IMEDIATA Leve uma câmera Polaroid quando viajar para um país em desenvolvimento. No Camboja, muitas crianças de uma cidadezinha se aproximaram de nós e posaram para fotos, ficando fascinadas com sua própria imagem em uma câmera digital. Quisemos mandar-lhes as fotografias, mas elas não souberam nos dar seu endereço. Uma câmera Polaroid teria solucionado esse problema.

Cynda Perun, Illinois

CARIDADE QUE NÃO CUSTA Se estiver pensando em viajar para um local em que há população carente, leve uma mala extra cheia de roupas velhas de todos os tamanhos. Na volta para casa, use essa mala para guardar suas lembrancinhas.

Rebecca Oberg, Wisconsin

CULTURA JOVEM Quando estou em Paris, sempre peço informações às pessoas mais jovens, porque percebi que a maioria dos parisienses mais velhos não está interessada em conversar em inglês. Há alguns anos, os currículos escolares da França foram modificados e incluíram uma segunda língua, que geralmente é o inglês. Mesmo me hospedando em um hotel bem afastado, onde poucas pessoas falavam inglês, minha estratégia nunca falhou.

Hal Turner, Flórida

CARTÕES-POSTAIS PRÉ-ENDEREÇADOS

Quando vou para algum lugar, costumo levar vários cartões postais de minha cidade natal. Escrevo meu nome, endereço e e-mail no verso e ofereço-os a meus novos amigos de modo que possamos manter contato. Também levo algumas lembrancinhas (chaveiros etc.), com o logotipo do meu time de beisebol. São presentes significativos e baratos que retribuem as pequenas gentilezas que costumam facilitar nossa vida durante uma viagem.

Linda Phelps, Minnesota

ÍNDICE REMISSIVO

Este livro foi impresso pela Prol Gráfica em papel *offset* 120 g.